立命館大学法学叢書第11号

人間の安全と刑法

生田勝義 著

法律文化社

はしがき

　世紀転換期の思潮の1つに，犯罪に対する厳罰主義というべきものがある。その背景にはまず，犯罪に対する強い不安感がある。その不安感は犯罪，とりわけ凶悪犯が激増しているとの思いからきているといってよい。けれども，実際にはそのようなことはない。凶悪犯の最たるものである殺人罪は依然として横ばい状況にあり，増加しているとはいえない。日常的で身近な犯罪で認知件数の過半数を占める窃盗は2002年から減少傾向にある。諸外国に比べ日本の犯罪率がはるかに低い水準にあることに変わりはない。犯罪への強い不安感は幻想といってよい。この点を明らかにした先行研究はいくつかある。私もこの点について小論をものにしている。たしかに，幻想であることを指摘することは重要である。しかし，それだけで不安が解消するわけではない。現象が生じた原因・理由を解明する必要がある。

　それでは，そのような幻想がなぜ生じているのか。それは，単なるモラル・パニックや「危険社会」の不安感ということでは説明できない現象であるといわざるをえない。また，今日の厳罰意識がはたして不安感だけでもたらされているのかという疑問もある。厳罰意識は，人間観や社会観・国家観の変化によっても支えられているのではないか。私は，犯罪に対する強い不安感や厳罰意識が出てくる理由を，この間の新自由主義政策が生み出した社会関係とそのイデオロギーである「自己決定・自己責任」思想に求め，その知見を論文として公表してきた。けれども，そのような見解はいまだ少数説にとどまっている。今日の刑法現象の特徴を折にふれ分析・検討した諸論考を一冊の本にまとめることができれば，私見の全体像をよりわかりやすい形で示すことができるのではないだろうか。

　犯罪への不安感や厳罰意識が今日の社会のあり方に大きく影響されて生じているのであれば，対症療法的な厳罰主義で問題を解決できないことは明らかで

ある。けれども今日，人々の実体のない不安感に乗じて，刑罰権や警察の強制権限を拡大強化する刑事立法が相次いでいる。そこでは市民の人権保障に必要とされてきた近代刑事法原則の多くが修正を迫られている。それによって犯罪を抑止できるのであればまだしもであるが，厳罰化により犯罪を抑止できるわけではない。むしろ，犯罪の誘因になってしまいかねないといった面もある。それら個々の問題状況とともにその全体像を治安と人権の矛盾状況として整理しておくことは，現在という歴史状況を理解するうえでも重要であろう。

もっとも，問題状況を示すだけでは法学としては不十分であろう。それを打開する道・方法を提示する必要がある。私はそれを２つの戦略にまとめようと考えている。第１は，「核心刑法」と「広範だが穏やかな介入法」に整理し，さらに後者については「警察法的な命令・禁止型」・「抑圧的義務賦課型」と「人権保障・民主主義型」とを区別することによって，「人権保障・民主主義型」での展開を重視するという法戦略である。第２は，厳罰主義を支える「破れた窓の理論」でなく，寛容と連帯に支えられた「開かれた窓の理論」による社会戦略である。

以上の事柄をトータルに示すことができれば，今日の刑事法をめぐる混迷を打開し，被害者も加害者もさらには彼らを取り巻く多くの人々も無用な傷を負うことなく，人々が相互に助け合い信頼し合いながら安心した生活を送ることができる，そのような世の中にしていくための羅針盤になるのではなかろうか。そのようなささやかな願いを込めて本書をまとめてみた。

もっとも，本書の刊行は遅れに遅れてしまった。関係各位には大変ご迷惑をおかけしたことをお詫びしなければならない。法律文化社編集部の小西英央氏が督励・援助してくれたおかげで何とかここまでこぎつけることができた。収録した論稿は2003年以降に執筆したものである。自分としては最近のものだと思ったのだが，激動期ゆえに動きが速い。各論稿に執筆後の状況をつけ足すことも考えたが，「序論」でまとめて対応するにとどめざるをえなかった。私の言わんとするところに変わりはないので，ご了解賜れば幸いである。

最後になったが，本書の刊行には，立命館大学法学会より出版助成をうける

ことができた。また，瀧本佳代氏をはじめ法律文化社編集部の方々には大変お世話になった。記して関係各位に感謝する。

　2010年9月7日

　　　　　　　　　　　　　　　　　　　古都の研究室より
　　　　　　　　　　　　　　　　　　　連峰に沈む夕日に思いを馳せつつ

　　　　　　　　　　　　　　　　　　　　　　　　生田　勝義

目　次

はしがき

序　論　〈人間の安全と刑法〉を考える ……………… 1
   I　世紀転換期の刑法現象の特徴　1
   II　この現象をどう考えるか　6
   III　何をなすべきか　10
   IV　おわりに　16

第1章　厳罰主義と人間の安全 …………………………… 21
   ■刑法の役割についての一考察
   I　はじめに　21
   II　厳罰化立法の論拠に対する疑問　22
   III　刑罰威嚇や警察監視の犯罪抑止力とは　29
   IV　厳罰主義イデオロギーとその批判　32
   V　厳罰主義の帰結と対抗戦略　41
   VI　おわりに　43

第2章　日本の犯罪発生傾向と検挙率の動向 ………… 47
   I　はじめに──問題の所在　47
   II　犯罪認知件数と検挙率の動向　48
   III　外国との比較　53
   IV　「体感治安」悪化の要因は何か　54
   V　治安政策の強化で安全を守れるか　57
   VI　おわりに　59

第3章　刑罰の一般的抑止力と刑法理論 ……………………63
■批判的一考察

　Ⅰ　はじめに　63
　Ⅱ　危険運転致死傷罪立法の効果について　64
　Ⅲ　道交法改正による飲酒運転厳罰化の抑止効果　70
　Ⅳ　若干の理論的帰結　73
　Ⅴ　一般予防刑論と法益保護思想──刑罰論と犯罪論の関係　74
　Ⅵ　刑事立法による規範意識の形成という見解の登場　77
　Ⅶ　おわりに　81

第4章　組織犯罪と刑法 ……………………………………85

　Ⅰ　はじめに　85
　Ⅱ　国際協調による組織犯罪対策立法の特徴　86
　Ⅲ　組織犯罪対策と近代刑法原則　92
　Ⅳ　刑事規制強化論と新自由主義　96
　Ⅴ　おわりに──今後の課題　98

第5章　人身取引問題の新展開 ……………………………103

　Ⅰ　基本的視座──人間の尊厳と人権　103
　Ⅱ　人身取引被害の現状　106
　Ⅲ　人身取引対策の現状　107
　Ⅳ　何をなすべきか　113
　Ⅴ　おわりに　118

第6章　日本の治安法と警察 ………………………………121
■その動向と法的課題

　Ⅰ　はじめに──本章の目的　121
　Ⅱ　概念の整理　122
　Ⅲ　日本の治安法と警察の基本的特徴　124

Ⅳ　日本における治安法の構造　128

　　Ⅴ　日本における警察の構造　132

　　Ⅵ　警察とその他の情報機関との関係　137

　　Ⅶ　警察腐敗の顕在化と刷新の動き　138

　　Ⅷ　おわりに　140

補　章　刑法学における人権論の課題 …………………………145

1　治安と刑事立法 …………………………………………………145
■安全と自由と刑法

　　Ⅰ　はじめに　145

　　Ⅱ　激動の意味と刑法学の課題　146

　　Ⅲ　行為原理の意味とその射程　149

　　Ⅳ　核心刑法と広範で穏やかな介入法の理論　152

　　Ⅴ　治安と刑法の関係　155

　　Ⅵ　刑事立法の活性化論に対する若干の疑問　162

　　Ⅶ　厳罰化論の人間像・社会像　166

　　Ⅷ　おわりに　171

2　行為原理，社会侵害性論，自由と連帯 ……………………173

　　Ⅰ　はじめに　173

　　Ⅱ　行為原理と社会侵害性論　174

　　Ⅲ　人権である自由と博愛・連帯との関係　178

3　広島市暴走族追放条例違反被告事件最高裁判例評釈 …181
■最高裁平成19年9月18日第三小法廷判決（刑集61巻6号601頁）

　　Ⅰ　事実の概要　181

　　Ⅱ　判　　旨　182

　　Ⅲ　評　　釈　184

初出一覧

■ 序　論

〈人間の安全と刑法〉を考える

I　世紀転換期の刑法現象の特徴

1　自由に対する「安全の専制」？

　最近の法・政治現象の特徴として，自由に対する「安全の専制」といわれることがある。安全の名の下に自由が大きく制限されるにいたった状況を指す言葉である。そのような状況は，2001年9月11日にアメリカで起きた同時多発テロ後に現出したものであるかのように見る向きもある。けれども，それはすでに1980年代にアメリカのレーガン政権によって開始された「薬物との戦争」とそれへの「国際協調」に端緒があったというべきであろう。また，身近な安全のための規制強化要請の高まりも，女性や子どもの保護要求や「被害者の権利」要求と絡み合いながら，すでに80年代から始まっていた。今日の状況は，9・11という1つの事件を契機とするモラルパニックによって引き起こされたものでなく，後述するように，もっと根の深い社会構造的な背景をもって生み出されたものではないか。

　ところで，ここの見出しの「安全の専制」に「？」マークを付したのは，今日問題になっているのがはたして実際の「安全」なのか，疑問だからである。むしろ，不安へのおびえからする「安心感」の追求が問題になっているのではないか。日本で厳罰化が本格的に展開し始めるのは90年代後半からであるが，そこで挙げられる厳罰化の根拠は，治安の悪化でなく，「体感治安」の悪化や

被害感情の厳しさであるにすぎない。

日本の犯罪発生傾向を分析したのが本書の**第2章**である。

2 「安全・安心」をキーワードにした刑法の変容

　日本においても1990年代以降，「安全・安心な社会」や「体感治安」をキーワードにした刑事法制の変容が顕著になっている。刑法に焦点をあわせてみると，その変容は，たとえば，

(1) 麻薬特例法，暴対法，組織犯罪処罰法などの組織犯罪対策立法や犯罪対策の国際協調を理由にする刑事立法。多数の犯罪類型につきその共謀だけで処罰する共謀罪法案。

(2) ストーカー行為規制法やタバコのポイ捨て規制など身近な迷惑行為に対する刑事規制の拡大・強化。

(3) 生命や自由に対する罪の刑の引き上げ（たとえば，殺人罪の刑の下限が3年から5年に，また有期刑の上限を15年から20年に）や犯罪類型の拡大（人身売買，集団強姦，児童買春など），保安的規制強化（心神喪失等医療観察法）。

(4) 少年犯罪に対する刑事規制の拡大。

(5) 「機能的治安立法」（市民刑法を政治的治安維持に用いること）として特筆すべきなのは集合住宅へのビラ各戸配布を住居侵入罪で処罰する最高裁判例。

などに見られる。

　そこでは，刑法原則とされてきた謙抑主義，侵害行為原理，責任原理，刑罰法規の明確性や，少年法の保護理念など，強大な刑罰権力の濫用を防止し国民の自由や少年の健全育成を保障するために必要な諸原則が，国民の安全・安心の保護と引き換えに後退させられている。

　そのように自由と安全・安心が対立させられ，安全・安心のためには自由の制約・縮減はやむをえないとか当然であるとかされる状況は，他の法分野でも見られる。それを受けて，2006年10月に開催された日本公法学会では，統一テーマ「現代における安全と自由」の下，第一日目に4本の総会報告がなされ，二日目に「人権と安全」と「生活と安全」という2つの分科会がもたれて

いる。[2]

3 厳罰化による刑務所収容人口の増加

そのような刑事規制の拡大・強化は刑務所収容人口の増加をもたらした。

厳罰化の先行したアメリカでは、刑事施設収容人数が2000年に200万人を超えるにいたる。91年をピークにして殺人などの重大犯罪を含め犯罪が急減するにもかかわらず、厳罰化要求の高まりはおさまらず、刑事施設収容人数は激増を続けた（2002年収容率人口10万人当たり700）わけである。

日本でも、2002年をピークにして刑法犯の認知件数は顕著に減少している（2000年からの犯罪認知件数急増の実態については問題指摘あり）のに、厳罰要求はますます高まり、刑事施設収容人数が増加を続けた（収容率は約50→2006年で62）、また収容者に占める高齢者比率の増大や精神障害者比率の高さが問題となっている。執行待ちの死刑囚が100人を超え、無期刑受刑者の人数も1999年から10年間で1.7倍の1711人になり、その仮釈放に要する期間も平均で30年近くになっている。

他方、スカンジナビア諸国やデンマークは刑事施設収容数を抑制する政策をとるにいたっていた。その他の先進国（カナダ、フランス、ドイツ、イギリスなど）を見ても最近はむしろ抑制傾向にあるといえよう。[3]

刑務所収容の位置づけや厳罰化の傾向は国柄により異なっている。当然のこととはいえ、問題への対処を誤らないようにするためには大局的に見ることが重要であろう。

4 厳罰主義に変化はあるか

厳罰主義により厳罰化が進めば、刑事司法機関の負担が増大する。すでに犯罪捜査や犯罪予防に当たる警察官については、市民に身近な存在であり政治的にもインパクトが大きいこともあって、万単位の大幅増員が行われた。しかし、裁判官や検察官になると、（そうでなくとも増やすべき状況にあると思うのだが）、急増は難しい。刑務所の増設は、国家財政難の折から民間資本の力と知

恵を借りるPFI方式で犯罪性向の進んでいない受刑者用の施設建設が進んだが，せいぜい数千名程度の収容定員増が見込めるにすぎない。厳罰化は刑事司法機関のキャパシティという問題にぶつからざるをえない。

そこで，刑事制裁を多様化して施設収容しなくても済む電子監視制度とか社会奉仕命令を導入するための立法が検討されることになる。しかし，そのような措置で犯罪を予防できるのか，また，人間の尊厳を害することにならないのか，などの問題があり，なお慎重な検討が要る。

実務レベルでは，背に腹は代えられないということで，訴追裁量や量刑裁量による調整が図られる。刑法犯についても検察官による起訴数や起訴率の抑制が行われることになる。刑法犯の起訴人員数（起訴率）を検察統計により見ると，2003年で20万5281人（19.4％），2004年で20万7413人（19.0％）であったものが，2005年で20万1472人（18.4％）と起訴数と起訴率の両方で減少し，2008年では16万8581人（18.1％）となっている。起訴数だけでなく起訴率も減少していることから，それが認知件数の減少に対応しただけのものでないことが分かる。また，確定裁判で死刑や無期刑になったものを見ると，死刑では2006年21人，2007年23人と続いていたのが，2008年には10人となり，無期刑についても2005年134人，2006年135名であったが，2007年91名，2008年50人と減少している（ただし，20年を超える懲役が2006年の8人から2007年41人，2008年37人と急増していることに注意）。矯正統計を見ると，刑務所の受刑者年末収容人員も，2003年の6万6044人から漸減して2009年には6万1394人となった。

事件に対する被害感情の強弱や治安対策の重点による線引きが行われ，重点を絞って起訴し，求刑基準は引き続き，90年代前半に比べかなり重くする。これが実務の実態であるように思われる。

それでは，厳罰主義は後退するにいたったのであろうか。2009年5月に施行された裁判員裁判制度の今後の動向にもかかわる難しい問題である。現時点で言えることは，当面は行きつ戻りつの展開になろうということである。

2008年9月のリーマン・ショックとその後の米国におけるオバマ政権や日本における民主党鳩山連立政権の誕生は，新自由主義政策の行き詰まりを明らか

にし，その転換への期待を示すものだった。けれども，その後の展開を見る限り，旧勢力の抵抗には依然として根強いものがある。新自由主義政策は若干の修正を受けながらも当面は続くといわざるをえまい。私見では，この政策が続く限り厳罰主義への衝動は続くことになる。

　国民の厳罰意識はどうか。内閣府の「国民生活に関する世論調査」によると「政府に対する要望」として「犯罪対策」は2004年，2006年，2008年と37％以上の年が続いたが，2009年は29.6％に減少し，2010年にはさらに，（項目が「治安」に変わったが），22.5％に低下した。老後や雇用の問題がそれほど深刻になったからだともいえるが，複数選択可なので，やはり切実さの度合いは低くなっているというべきだろう。他方で，調査時期が2009年11月26日〜12月6日であった内閣府の「基本的法制度に関する世論調査」（2009年12月）を見ると，「場合によっては死刑もやむを得ない」がついに85.6％に達するにいたった。存置の理由で一番多いのが「死刑を廃止すれば，被害を受けた人やその家族の気持ちがおさまらない」で54.1％。第2が「凶悪な犯罪は命をもって償うべきだ」で53.2％である。また，当時，殺人罪の公訴時効期間が25年に引き上げられて間もなくのことであったが，それでは短いとするのが併せて54.9％。それらに共通するのは，被害感情への配慮であり，強い応報感情である。そのような形での厳罰意識は引き続いているといわざるをえない。

　刑事立法でも，被害者運動からの要請におされるという形で，2010年4月27日には死刑該当犯罪の公訴時効を廃止するなどの法改正がなされ，しかも即日公布・施行で遡及適用まで認めることになった（平成22年4月27日法律26号）。

　しかし，被害者遺族の参加する裁判員裁判で死刑を言い渡さざるをえなくなると，裁判員の受ける精神的ダメッジへのケアが必要になるといわれている。厳罰主義は裁く者にもダメッジを与えるわけである。また，事件後数十年経ってから犯人でないかと名指しされた人は，どのようにアリバイを証明できるのであろうか。

　厳罰主義は，人間の安全を脅かすことになってしまうのである。

Ⅱ　この現象をどう考えるか

① 刑法理論の状況

　今日の「刑事規制の活性化」状況を「時代的必然性」ととらえ，積極的に推進する立場と，法治国家原則を掘り崩し安全の名の下に自由を犠牲にするものだと否定的に見る立場が対立している。前者からは，従来の刑法のあり方，さらには刑法学のあり方の変容が必要になっているのだとされ，後者からは刑法の法治国家性を堅持することの重要性が指摘される。

　「社会安全政策論」は刑法の守備範囲については前者の典型であるといえようが，刑法学者の中にも刑法学の改革の必要性を説くものがある。国民の規範意識ないし処罰感情に応える刑法理論でなければならないとか，敵味方刑法の存在は必然としたうえでそれによる市民刑法の侵食をいかにして食い止めるかが重要なのだとする見解などがそれである。

　他方，「刑事司法の失敗」の反省に立って，刑事規制の強化でなく，コミュニティに基礎を置く予防こそが肝要なのだとする見解も有力に展開されるにいたっている。もっとも，それにも２つの大きな流れがあることに注意すべきである。①相互不信に立った排除的地域防犯活動型（たとえば，防犯パトロールや監視カメラの設置，不審者通報制度）と，②相互信頼に立った包容的地域づくり型（たとえば，鹿児島市の校区公民館制度と活動）である。私は後者の方向が大局的には正しいと考えているのであるが，いずれにせよ，「刑事司法の失敗」論からは，刑法の守備範囲は近代刑法原則を体現した「法治国家刑法」に限定するものになるはずである。

② 厳罰化の背景事情

　今日の厳罰化を正統化する理論が種々展開されているが，それらは近代的な刑法理論の内在的発展によるものというより，今日の時代状況を反映しそれに

対応する思想的営為であると位置づけるべきであろう。理論に投影する時代状況は理論の背景事情としてとらえることができる。厳罰化を推進している背景事情には様々なものが考えられるが、ここでは次の点を重要な要因として指摘しておこう。

1 新自由主義政策の展開

その重要な要因は、80年代以降に力を増してきた新自由主義政策である。この政策はまず、サッチャーリズムとか、レーガノミックスとして特徴づけられた。日本では80年代前半に中曽根政権によって危機管理体制の構築と並び臨調行革で準備され、90年代後半以降に橋本政権と小泉政権で本格実施された。新自由主義による小さな政府論や規制緩和論は、国家や社会の公共事務についてもその多くを商品化しつつ、資本の自由な活動を最大限保障するための政策論であった。この政策を実施すれば、「弱肉強食」により社会不安が醸成され、治安が悪化してしまうおそれがあると、予想された。国民監視の治安政策や、世論操作のメディア対策が強化されることになる。もっとも、アメリカや日本の状況を見ると、新自由主義政策は、人々の間に不安感や相互不信感、非寛容の気持ちを醸成し、厳罰意識を強めることにはなったが、必ずしも犯罪を増加させたり、治安を悪化させることにはならなかった。

新自由主義と厳罰主義の関係やその問題点を分析したのが本書**第1章**である。

2 新自由主義の人間観

その人間観として「自己決定、自己責任」という思想がある。「人間は一般的に自己決定できる存在だから、個々人は今の自分に責任を負う」という考え方である。刑法理論の中にもそれと同様の責任論を展開するものがある。その意味では俗耳に入りやすい考え方である。

けれども、そこにはごまかしがある。第1に、人間は社会的に規定された存在であるのに、あたかも自分だけで何事もできるかのように描いている。そのうえで第2に、自己決定能力を人間一般の属性として抽象的にとらえることによって、能力が抽象的にあることから具体的に責任があるとみなしてしまう。

それゆえ，その現実体は，自己決定抜きの「自己責任」論となる。

結局その人間観は，バラバラの孤立した個人が激烈な生存競争に勝ち抜くために必死に努力する，というものになる。いわゆる「勝者」・「敗者」論である。

3 「自己決定・自己責任」論の具体的帰結

1 不安感の増幅

そのような「自己決定・自己責任」論による諸政策はまず，相互不信，その帰結としての不断の安全への不安感を増幅させてきた。これが監視カメラ依存症や厳罰主義，高まる排外主義的心情の原因となっている。

2 公共事務の商品化

また，そこでは社会的連帯による生存への社会的配慮は期待できず，国家や社会の公共事務も商品化され自費で購入しなければならなくなる。公的扶助サービスの商品化はよく知られたところであるが，山岳遭難者の救助に要した警察費用の遭難者負担を当然と考えるとか，警察に虚偽の犯罪を通報した者を「偽計による業務妨害罪」に問うという一部の学説や下級審判例に見られる動きは，その脈絡でとらえておく必要がある[5]。その論理を推し進めれば，犯罪者は自己の捜査や刑事裁判，刑事施設収容に要した費用を弁償しなければならなくなろう。

3 自己決定の権力的保護と社会連帯の軽視

さらに，「自己決定・自己責任」論による諸政策は，自己責任を問われる個人の自己決定を社会的連帯より重視する意識を醸成する。法による「自己決定」の保障と保護の強化である。しかも，その自己決定の範囲・レベルは，美観保護やハラスメント規制に見られるような好き嫌いの感情から，尊厳死などで問題となる生命にいたるまで，きわめて広範かつ多様なものとされる。自由主義であれば，個人の自己決定を「保障」することで，市民生活への権力的介入を控えるという傾向が強まるはずである。ところが，「新」自由主義の下では，個人の自己決定を「保護」するという形で，市民生活への権力的介入が強まっている。

身近な迷惑行為に対する刑事規制，警察規制の拡大・強化は，そのような「自己決定」保護の拡大と強化の典型例である。集合住宅での各戸ビラ配布を住居侵入罪で処罰するという最近の刑事実務や判例の動向[6]も，迷惑行為に対する刑事規制であるというべきであろう。そのような刑事実務を合理化するのが新住居権説である。それは自己決定保護論の先駆けであった。新住居権説は，住居侵入罪の保護法益を「住居に誰を立ち入らせるかを決める権利」であるとする。それだと，好き嫌いの感情まで刑法で保護できるようになってしまう。ビラ配布は富に恵まれない市民にとり重要な表現手段である。しかも表現の自由は，人々が相互にコミュニケーションによって，社会や国家を民主的に運営するために，また社会的に連帯するために，必要・不可欠な人権である。このように重要な表現の自由までが自己決定によって大きく制約されることになってしまう。確かに，表現の自由といっても，人格権である名誉を棄損したり，侮辱したり，そのプライバシーを侵害することは許されない。けれども，主として財産的権利であるというべき建造物の管理権や，親密圏といえない集合住宅の共用部分に対する支配権については，人格権やプライバシーとは区別されるべきものであろう。実は，経済的自由を開放し，弱肉強食のジャングルの掟を復活させるところに新自由主義のねらいがあった。建造物の管理権という名の下に精神的自由より経済的自由を優先させる最近の判例は，新自由主義のねらいを忠実に実行しているものであると評価せざるをえない。精神的自由の経済的自由に対する優越を認める憲法学の通説までが危機にひんしている。

　個人の自己決定権を権力的介入に対して「保障」することと，権力的介入によってそれを「保護」することには，大きな違いがある。新自由主義は，後者への舵取りを合理化してしまった。しかし，それは，人々の孤立化をさらに進め，相互不信や不安をますます増幅する道であるといわざるをえない。今日の困難は，普遍的な人権の主体による社会的連帯によってこそ克服できるのである。

III 何をなすべきか

1 理論的な課題

1 自由と安全と刑法

　まず，自由という人権と安全という人権との関係を理論的に整理することが重要になっている[7]。この点では，自由と安全の双方を人権として保障しようとした市民革命期のフランスの人権宣言に立ち返ってそれらの意味を再確認しておくことが重要である。たとえば，1789年の「人および市民の権利宣言」第2条では保全される自然権として「自由・所有権・安全および圧制への抵抗」が掲げられた[8]。1793年山岳党憲法における権利宣言は第8条で「安全は，社会がその構成員の各自に対し，その一身，その権利およびその所有権の保全のため，保護を与えることに存する」と安全の意味を定義し，1795年共和暦3年の権利義務宣言第4条も「安全は，各人の権利を確保するためのすべての者の協力から派生する」としていた。

　そこでは，安全も自由と並ぶ人権の一種とされ，両者は両立するものとされていた。特に，1793年のジロンド憲法草案における権利宣言では，いわゆる人身の自由は安全の一種として位置づけられていたのである。

　今日，自由とは対立するものとして理解されている「安全」は，具体的な個々人の安全というよりも，抽象的で一般的な安全保障とでもいうべきものになっているのではないか。近代刑法の理念型が「核心刑法」として構想されるのは，自由と安全を両立させようとしたからである。とすれば，自由と安全の両立は，社会問題への対策を刑事規制以外の方法で行うシステムをつくれば可能となる。そのようなシステムとして「広範だが穏やかな介入法」や相互信頼による包容型のコミュニティづくりが考えられる。安易に刑事規制に頼ってしまう風潮に対しては，刑事規制の犯罪防止力への期待は幻想であるにすぎないことを経験的データで論証する必要がある。幻想であるのであれば，刑法は「核

心刑法」にとどまることができるし，またそうすべきことになる。

この問題を包括的に検討したのが本書の**補章1**と**2**である。**補章1**は研究会報告に加筆したものであり，一般の目に触れにくいものであったので意味があろう。

2 人権の「保障」と「保護」

人権の「保障」と「保護」の関係についても改めて整理しておく必要がある。刑法には自由保障機能と法益保護機能があるといわれる。前者を担うのが罪刑法定主義や侵害行為原理，個人責任原理である。これらが自由という人権を保障するものであることについて争いはなかろう。ところが後者は，法益という融通無碍な概念に災いされて刑法という法律の特質を曖昧にする役割を果たすことになっているように思われる。

刑法はもともと第1に，生命，自由や財産という，人々の生存に不可欠な人権を保護するものである。それに加えて第2に，そのように不可欠な人権を保護するためにつくった社会を維持・管理するに必要不可欠な国家機構やその作用を保護するものである。生存に不可欠な人権を侵害する行為は，人々が社会や国家をつくった意味を台無しにしてしまう。しかも，それを故意に行うとなれば，社会や国家をつくった意味を否定してしまうことになる。その意味においてそのような行為は社会を侵害し，社会に敵対する行為なのである。社会に敵対する行為を事後的に処罰するのが刑法である。これを「核心刑法」という。刑法による人権の保護は本来そのようなものではないのか。

確かに現代型人権である社会権の保障は，国家や社会による積極的保護があってはじめて実現できる。その保護は，国家ないし社会による積極的給付とか，その権利を抑圧しようとする者に対する義務の国家的強制によって行われる。けれども，その保護が十全に行われるのは何といっても前者による場合である。後者は往々にして前者をサボタージュするための方便にされることがある。刑法による法益保護の拡大現象にも同様の問題がないであろうか。

3 犯罪予防への市民や共同体の「責務・義務」の位置づけと刑法との関係

たとえば，組織犯罪対策目的の金融機関本人確認法やゲートキーパー法（そ

れらは2008年3月1日より犯罪収益移転防止法)、道交法における救護義務違反の罰則強化（上限10年の懲役)、地方公共団体の条例における市民・住民の責務規定、さらには過失による不作為犯処罰の拡大に見られるように、人々に社会秩序維持への協力を求める作為義務の拡大が進んでいる。行政取締り目的への協力義務を刑罰で強制するやり方は、権威主義的な共同体主義や全体主義に親近性をもつ。これが日本国憲法と相容れるものなのであろうか。枝葉の議論に先立って原理・原則に帰った検討が重要になっている。

4　前近代への先祖がえり現象と近代刑法原則の位置づけ

　刑事法においても、ポスト・モダン論が実はプレ・モダン論になっているのではないか。18世紀に形成された近代刑法原則は21世紀においてこそ発展的に実現できるものではないのか、などの検討が重要になっている。

　つまり、ポスト・モダン論や今日の新しい理論や思潮が実は、克服の対象とされた前近代への先祖がえりでないのかという問題への対応である。

5　新しい多様な法的規制手法と刑法との関係

　最近の迷惑行為規制の手法として警告、中止命令、命令違反への刑罰という段階を踏むものが増えているが、その有効性と問題点の検討が重要になっている。

　たとえば、ストーカー行為規制法の運用状況を見ると、ほとんどが警告（指導警告を含む)や警察による援助とか指導で収まっている。この意味では、広範だが穏やかな制裁によるという介入法の有効性が示されているようにも思われる。

　しかしそこには、なお検討すべき理論的課題も残されている。特に問題とすべきなのが、中止命令違反に刑罰を科すという手法である。たとえば、広島市暴走族追放条例にも同様の規制方法が採用されているのだが、それに対する最高裁平成19年9月18日判決（判例時報1987号150頁）は限定解釈で合憲とした。その理由の一部に「規制に係る集会であっても、これを行うことを直ちに犯罪として処罰するのではなく、市長による中止命令等の対象とするにとどめ、この命令に違反した場合に初めて処罰すべきものとするという事後的かつ段階的規制によっていること等にかんがみると」とある。このような見解は学説を含め一般的に流布している。けれども、それでよいのであろうか[9]。なぜなら、行

政機関による行政目的達成のために必要か否かだけで中止命令の適法性が判断され，そのレベルで適法であればその違反が刑罰の対象となる，つまり犯罪になるというのでは，犯罪に必要な「社会侵害性」なしに犯罪とされてしまうからである。中止命令違反を犯罪とするには，その中止命令自体に刑罰で担保されるに値する価値と必要性がなくてはなるまい。そのような価値と必要性がないものについては，せいぜい行政罰ないし秩序罰で対応するしかない。この問題の検討を上記最高裁判決の評釈として行い，本書の補章3に収録した。

2 "evidence based policy" の重要性
1 刑法による犯罪抑止の限界

犯罪が増えたり減ったりすることの主たる要因が刑法でなく社会の中にあることは，ちょっと調べれば明らかになることである。それにもかかわらず，時の権力者たちは，犯罪が増えると刑法を強化することによってそれを抑えようとする。それは，社会が抱える問題を直視したくない，あるいはその問題の克服を棚上げしたい，からではないか。刑法の強化は肝心なことを行わない口実にされていないか。

人類の現在の発展段階では，刑法がなければ社会がもたないことも明らかである。今日，刑法は社会を成り立たせるうえで不可欠な多数派の規範意識のよりどころとなっているからである。

けれども，その規範を社会レベルで自律的に遵守できる人（これが多数派である）にとり刑法は規範的象徴としての意味をもつにすぎない。また，他律的に，つまり権力的に，強制されないと規範を遵守しない，あるいはできない人にとり，刑法の抑止力はきわめて限られる。なぜなら，そのような人は，見つからない，つかまらないと思えば，刑法を平気で無視するからである。

古くからいわれてきたことであるが，激情に駆られて殺傷事件を起こしてしまうとか，あるいは不注意で死傷事件を起こしてしまう人に対する刑法の抑止力はほとんどない。それでは，計画的な故意犯だとどうか。この間の道交法による飲酒運転厳罰化改正の違反抑止効果と危険運転致死傷罪立法の抑止効果の

比較による刑法の一般予防効果の検討，さらには，昭和43年刑法改正による業過の刑引き上げについての『昭和48年版警察白書』の分析が参考になる。それらにより明らかになるのは，規範が内発化されていない人の場合，計画的な故意犯についても，「見つからない。つかまらない」と思う状況にあれば，刑法に抑止力はほとんどない，ということである。抑止力があるのは<u>確実な取締り</u>であり，過失犯を防止するには刑罰でなく<u>充実した安全対策</u>が必要だということである。この問題を検討したのが，本書の**第3章**である。

なお，実証的な研究によると，監視カメラの犯罪抑止力もきわめて小さいものであるにすぎない。

2 日本における実践例の研究

(1) 多様な規制手法の多面的検討

上述したように最近の迷惑行為規制の手法として，警告，中止命令，命令違反への刑罰という段階を踏むものが増えている。

たとえば，ストーカー行為規制法の運用状況を見ると，ほとんどが警告（指導警告を含む）や警察による援助とか指導で収まっている。この点では広範だが穏やかな制裁によるという介入法の有効性が示されているように思われる。

しかしながら，ストーカー行為等規制法は2000年11月24日から施行されたのであるが，その後のストーカー事案の認知状況（これにはストーカー規制法に抵触する事案のほか，執拗なつきまといや無言電話等による嫌がらせの行為を伴う事案などを含む）を警察庁統計により見ると，2001年に1万4662件で，その後約1万2千件から1万3千件台を上下していたのが，2008年からは再び1万4千件台に乗り，2009年は1万4823件と過去最高を記録するにいたっている。またストーカー行為規制法の適用状況を見ても，警告，援助，禁止命令，規制法違反検挙件数とも増加傾向が続いている。すなわち，この間の取組みではストーカー行為等を減少させることができていないわけである。他方，保健所，婦人相談所，民間シェルターなどの「他機関への引継ぎ」は2001年に256件あったが，その後減少傾向にあり，2009年には39件となっている。

それらの数字から読み取れることは，ストーカー行為対策を警察依存で進め

ても防止効果はあまりないということである。警察による対策はあくまでも対症療法であることからすれば当たり前のことであろう。この問題を一般化すれば，迷惑行為規制のあり方については，多様な規制手法を用意しても警察依存では大きな限界があることを示しているように思われる。多様な規制手法についてのより多面的な検討が必要となっている。その際，次に述べる我が国における実践例の教訓化作業によって，コミュニティぐるみの取組みの重要性や「介入法」の2つのあり方，つまり相互不信による権威主義的抑圧型か相互信頼による民主主義的人権型かの検討の重要性が明らかにされていくことであろう。

(2) 広島市における暴走族追放の取組みの教訓化

安心・安全のための刑事規制を考えるうえで，すでに結果の出ている広島市における暴走族追放の取組みを分析することが有益なように思われる。

広島の暴走族対策を振り返ってみると，安心・安全のための取組みがいかにすれば効果が上がるか，またその限界はなぜ生じるのか，安全と自由の両立には何が必要なのか。このような問題について豊かな教訓，理論を提供してくれるように思われる[11]。

広島の暴走族は，暴力団とつながっている「面倒見」といわれる者によって統制されていた。その意味では，それは二重の意味で組織犯罪対策とも関係する。1999年の警察による規制で逮捕者80人を出したが，返って油を注ぐ形になってしまった。2001年にかけて暴走族問題が急速に収束していくのだが，それに当時の竹花県警本部長のリーダーシップが果たした役割がきわめて大きかったことは衆目の一致するところである。それに加え，多面的な取組みがなされた。地域住民の立ち上がり，罰則付きで「い集」を取り締まる条例の制定，トイレ掃除運動，ボランティアの活躍，行政による支援など。コミュニティ・ベイスド・プリベンションがいわれるが，広島でもそうだった。暴走族のあまりのひどさに商店街の人々が立ち上がり，暴走族を包囲して説得するまでになった。問題をはらんだ暴走族条例が議会での疑問の声を振りきって制定された背景には住民の立ち上がりがあったといわれる。

けれども，広島では2007年の3月から，再び少女・少年たちが夜の商店街に

たむろし始めた。暴走行為はしていないが，商店街での統一ジャンパー姿での少年たちの「い集」が復活したのである。広島市の暴走族追放基本計画の重要な柱であった「少年の居場所づくり」が十分にできていなかったことになる。

(3) 鹿児島市における取組みの教訓化

それに対し，80年代前半にシンナー乱用等が問題になった鹿児島市ではシンナー乱用ゼロが続いた。この要因分析，たとえば，鹿児島における校区公民館活動や声かけ活動，駐輪場整備，決めたことの徹底した実施（不正駐輪自転車やピンクビラの撤去の徹底）などとの関係が興味深い。それらを対象にすれば，コミュニティ・ベイスドのあり方と，結果としての犯罪・非行予防力の検証が可能になるのではなかろうか。

3 ニューヨーク市のジュリアーニ市長による実践の再検討

ジュリアーニ市長は"broken windows"の理論や"non-tolerance"政策を実践し，ニューヨーク市の犯罪を激減させたことで有名である。けれども，彼は単に犯罪対策をやっただけではない。それ以上に，雇用確保・教育基盤整備などといった生活基盤や文化基盤の整備・拡充を精力的に推進した。それは，単なる犯罪対策でなく，まさに「腐ったリンゴ」を「輝くリンゴ」にするための都市再生事業であった。[12] 全米一治安の悪い都市といわれたニューヨークが今や全米一安全な大都市とまでいわれるにいたったのは，そのような都市再生事業による地域の構造改革があったからだというべきであろう。

Ⅳ おわりに

1 刑法の拡大はかえって市民の不安を煽り厳罰化のスパイラルに陥っていないか

(1) 1つのエピソード——不審者情報？

この点に関しては，ひとつのエピソードを紹介してみたい。それは私の近所に住むプロのカメラマンの話である。[13] 彼はここ20年間，庶民の日常生活，特に戸外で遊ぶ子どもたちの姿を撮り続けてきた。ところが，ここ数年，子どもた

ちの姿を撮れなくなったという。戸外で遊ぶ子どもたちが居なくなったのではない。子どもたちにカメラを向けると不審者扱いされ，親たちが出てきて，プロのカメラマンだと説明しても，撮らせてくれないのだとのこと。しかも警察に通報され，不審者情報1件として配信されることになる。彼は，世の中おかしくなったという。彼がおかしいのか，それとも世の中がおかしいのか。

(2) 子どもの安全のために何が必要か

　2005年11月から12月にかけて広島小1女児殺害事件，栃木小1殺害事件，宇治学習塾小6殺害事件など子どもの殺害事件が大々的に報道され，子どもの安全への不安感が急速に広がった。その不安感を和らげるべく，学校に警備員を配置し，不審者情報を警察が希望者にメール配信するとか，通学路に沿って監視カメラを配備するとか，の動きが広まった。

　けれども，不審者への監視や防犯活動を強めることにより子どもの安全を守ろうとすることには大きな限界がある。

　第1に，監視には必ず隙が出てしまうからである。

　まず，子どもに暴行しようとする者はその一瞬の隙を狙う。そうかといって，子どもをがんじがらめにするわけにはいかない。

　また，2006年2月に滋賀県の長浜で起きた事件のように，グループ送迎の保護者によるものになると，身近な保護者同士の相互監視までが必要になってしまう。

　さらに，各地で監視カメラの設置が進んでいるが，その効果には疑問がある。監視カメラ王国といわれる英国の内務省調査研究でも，監視カメラの犯罪防止効果はわずかなものであるにすぎないということが明らかにされている。

　第2に，監視強化の前提である相互不信感は自分に合わないものに対する排除意識を生み出し強めるからである。

　「異分子」排除意識は，人間には尊重すべき者と尊重しなくともよい者がいるとの意識に連動する。これは犯罪に向かう者の意識でもある。センセーショナルな監視強化や地域防犯活動は犯罪をかえって誘発することがある。この理由はそこにある。

しかも，今のような不審者対策・監視の強化は不安感を和らげることにもならない。監視強化を支えている他者への不信感はかえって不安感を増幅させる。
　この悪循環を断ち切るには他の方策をとるしかない。
　人には様々な個性がある。人権意識とは，他者の個性を思いやる心であり，他者の中に自己と同じもの，つまり普遍的なものを見て取る想像力である。地域防犯活動は時として相互不信による「異分子」排除意識に担われることがある。これは，弱肉強食や不平等を当然視する新自由主義政策と同じく，人権意識と相容れない。皆のものとして人権を大切にする活動は相互協力・連帯と連動する。地域の子ども一人ひとりの成長・発達を地域全体で援助する。そのような住民自治の力，地域の子育て力・教育力こそが実は子どもの安全にとっても重要なのである。
　ところで，当時，子どもに対する凶悪犯罪は本当に激増していたのであろうか。
　まず，子どもに対する凶悪犯罪が急増していたのであろうか。犯罪の発生件数を正確に知ることは非常に難しい。日本で通常使われている犯罪統計は警察が犯罪として認知したものの統計であるにすぎない。たとえば，被害者が警察に届けなかったり，届けても警察が事件扱いしなければ統計には表れない。犯罪には暗数がつきものであり，また，犯罪検挙への意欲が認知件数にかなり影響する。その中で比較的ブレの少ないのが殺人であろう。
　警察庁が毎年作成してきた「犯罪統計書」には，その『昭和47年の犯罪』以降ではあるが，殺人の被害者数を年齢別にまとめたものがある。1年未満の乳児を殺害する嬰児殺を除いた13歳未満の子どもの殺人被害者数を見ると，1972（昭和47）年には全体1722名中178名，1986年は全体1466名中137名，殺人被害が全体として最も少なかった1993年は全体1052名中81名，13歳未満で最も少なかったのが1996年で全体1139名中48名。1998年は全体1308名中83名。2004年は全体で1347名中86名。2005年は全体1321名中78名。2006年は全体1229名中87名。2008年は全体1220名中86名である。
　子どもの安全は人々がパニックに陥るほど悪化はしていなかったというべきであろう。子育ての温もりを地域で共有する活動と，それを支援する政治こそ

が緊要なのである。

2 「開いた窓」で暮らせるコミュニティ

100年も前に新派刑法学の大家であるフランツ・フォン・リストは,「最良の刑事政策は,社会政策である」といった。しかし,社会政策でも大きな限界がある。さらに重要なのは,刑罰や警察に依存するのでなく,住民相互が自立を支援し合う,連帯と住民自治に支えられたコミュニティの構築である。夏の夜,窓を開けたままにして眠ることのできる社会。これこそ,犯罪防止のための,回り道のようだが実は最も近い道なのではないか。これが,本書の問題提起であり,また本書の各章で繰り返し出てくる結論である。

[注]
1) この変容については,すでに生田勝義『行為原理と刑事違法論』(信山社,2002年)15頁以下の「序論」にて詳しく論じたところである。本稿でそれに加わったのは,「(5)機能的治安立法」としてのビラ配布への住居侵入罪の適用である。
2) その成果は,公法研究69号(2007年)1〜223頁に収録されている。
3) King's College London の International Centre for Prison Studyによる "World Prison Population List (seventh edition)"は2006年10月末に利用可能な情報として各国の状況を次のように記している。日本62,USA738,それに対し,カナダ107,England & Wales 148,フランス85,ドイツ95,オランダ128,オーストリア105,ベルギー91,また,デンマーク77,フィンランド75,ノルウェー66,スウェーデン82。
4) 代表的な文献として四方光『社会安全政策のシステム論的展開』(成文堂,2007年)。
5) 刑法の条文が変わっていないのに,刑法解釈によって刑法規範が変えられてしまうことがある。「裁判による法の創造」であるが,それによって従来は不可罰とされていた事柄が処罰されるようになるのでは,罪刑法定主義に照らし問題がある。それでは立法によれば問題はないのか。立法にあたっては,その行為に要罰性や当罰性があるのかについての検討が必要となる。要罰性,当罰性については,当該時代思潮の影響を大きく受けることがある。それゆえ,その場合には時代思潮の是非にまで踏み込んで検討せざるをえなくなる。権力的公務を業務妨害罪で保護するかという問題は,そのような例の1つであろう。公務執行妨害罪は刑法制定時もなくの時期から広く公務一般を保護するものとされてきた。暴行・脅迫によらない公務の妨害は,公務執行妨害罪に当たらないが,威力業務妨害罪には当たりうるか。権力的公務を除き,威力業務妨害罪に当たるとするのが判例であり,支持する学説も多い。そのように権力的公務を除く理由を,権力的公務であれば,それに対する妨害行為は強制力によって排除しうることに求める見解がある。この見解だと,近年の自己責任論による公共事務観の変容や厳罰主義化の中で,

偽計による権力的公務の妨害まで偽計による業務妨害罪に当たるとされかねない。現にそう解したものに，東京高判平成21年3月12日判例タイムズ1304号302頁などが出るにいたっている。ところで，戦前には，233条の「業務」に公務員の職務は含まれないとするのが判例であった（大判大正4年5月21日刑録21輯663頁，なお大判大正10年10月24日刑録27輯643頁）。また，つい最近まで偽計による権力的公務妨害を業務妨害罪で処罰することには否定的な見解が圧倒的であった。改正刑法準備草案では，165条に「偽計又は威力を用いて，公務員が職務を行うことを妨害した者は，3年以下の懲役又は禁錮に処する」との規定が置かれていたが，改正刑法草案においては，単なる偽計または威力を用いたにすぎない場合にまで処罰範囲を広げるのは適当でないこと，偽計または威力による妨害行為に対して保護する必要の大きい非権力的公務については，すでに判例が業務妨害罪の成立する場合を認めていることなどに鑑み，この種の規定の新設は見送られた（法務省刑事局・改正刑法草案の解説190頁参照）。権力の公務に限る理由はむしろ，それに対しては政治的理由による抵抗があるとか，強制力行使には往々にして感情的な反抗が伴いがちであるとか，への配慮，すなわち，権力の強大さを自覚したうえでの寛容の精神に求めるべきであろう。この見解は，公務執行妨害罪と業務妨害罪の法定刑の上限と下限が同じで，かつ前者には名誉拘禁刑である禁錮刑が予定されていること，また「虚構の犯罪事実又は災害の事実を公務員に申し出た者」は軽犯罪法1条16号に当たるにすぎないこと，などといった現行刑法の規範構造にもかなうものである。軽犯罪法1条31号は業務妨害罪と補充関係にあるとするのが前掲・東京高判平成21年3月12日であるが，むしろ軽犯罪法1条16号との関係が重要である。
6) 判例として，立川防衛庁官舎反戦ビラ配布事件に対する最判平成20年4月11日刑集62巻5号1217頁，葛飾マンション・ビラ配布事件に対する最判平成21年11月30日裁判所時報1496号17頁。
7) 安全という人権についての自覚的検討がようやく日本の公法学においても始まったことが前掲注2) 公法研究69号の諸論考から見て取れる。
8) 人権宣言の翻訳は高木八尺ほか編『人権宣言集』（岩波文庫，1957年）を参照。
9) この問題についての先駆的研究として，葛野尋之「社会的迷惑行為のハイブリッド型規制と適正手続き」立命館法学2009年5・6号上巻275頁以下。
10) この内容は，Home Office Research Study 252に掲載されている。
11) 広島の取組みについては，中国新聞暴走族取材班『トッコウ服を着ない日　断ち切れ暴走の連鎖』（日本評論社，2003年），吉川水貴『本気で君を信じたい――暴走族と親父クラブ』（廣済堂出版，2004年）など優れた記録がある。
12) この点については，ルドルフ・ジュリアーニ／楡井浩一訳『リーダーシップ』（講談社，2003年）9頁以下の「はじめに」および393頁以下の「付録　改革前と後」が必読である。
13) 妹尾豊孝『子どもの写真は，もう撮れない』（ブレーンセンター，2007年）2〜4頁参照。

第1章

厳罰主義と人間の安全
―― 刑法の役割についての一考察

I はじめに

「安心と安全」が，国政と地方政治を問わず，重要な選挙公約になる。それほど多くの人々が身の安全に不安を感じている。この安全への不安に応えるということを理由の1つとして厳罰主義というべきイデオロギーが力を増し，刑事立法を動かすにいたっている。

もっとも，今日の厳罰主義イデオロギーは，人々の抱く安全への不安感だけで力を増しているわけではない。それ以外に，80年代に米国のレーガン政権が打ち出した「薬物との戦争」政策に始まる国際組織犯罪対策の動き[1]，社会的に不利な立場に置かれた女性や子どもの人権を保護する運動から出された人権侵害を処罰せよとの要求，それと関係しながらも独自の思想を基礎にする被害者保護論の台頭などが，相乗的に作用し合いながら，今日の厳罰主義イデオロギーと厳罰政策を勢いづけている[2]。

安全への不安感が厳罰主義を支えているということは，厳罰によりその不安を除く，つまり犯罪を抑止ないし予防できると意識されているからである。組織犯罪対策や人権侵害処罰要求にも，処罰することによりそれらを抑止できるとの考えがある。被害者保護論になると被害感情，報復感情が強調されることが多いが，同時に同様の被害，同様の悲しみを繰り返してほしくないという思いもある。それゆえ，いずれにおいても，厳罰により犯罪を抑止できるものと

意識されているといってよい。

　他方，今日の厳罰主義を支えるもう1つの論拠として，被害感情の厳しさに応えるとか，国民の正義観念に応えるというものがある。危険運転致死傷罪立法(刑法208条の2。平成13年12月5日法律138号により追加)の立法理由はそこにあったし，「凶悪・重大犯罪」重罰化立法（平成16年12月8日法律156号）の立法理由の1つもそこにあった。

　ところで，刑罰は法的制裁の中で最も峻厳なものであり，その適用は慎重でなければならないとされてきた。謙抑主義である。刑罰は処罰されるものに対して多大なダメージを与える。刑罰により犯罪者を更生させることには大きな困難がある。それゆえに，ダイバージョン政策が推進されてきた。それにもかかわらず，刑罰を積極的に活用しようとするのであれば，その正当性根拠が示されなければなるまい。

　そこで，本章ではまず，厳罰にそれによるダメージ・社会的損失を埋め合わせるだけの犯罪抑止効果があるのか，また被害感情の厳しさとか正義観念の実態は何か，それが厳罰の正当化根拠になりうるものなのか，ということについて検討し，人間の安全にとり刑法はいかなる役割を果たすべきものか，考えてみたい。

II　厳罰化立法の論拠に対する疑問

1 犯罪の急増による国民の不安に応えるためという論拠について

1　「犯罪急増」は事実か

　国民が抱いている犯罪に対する不安については，まずその前提認識が正しいのかという問題がある。今日，犯罪は本当に急増しているのであろうか。確かに，犯罪統計を見ると，犯罪認知件数は特に平成12 (2000) 年より飛躍的ともいえるほど急増している。また，「凶悪犯罪」も増加している。しかし，すでに指摘されているように，前者については，桶川女子大生ストーカー殺人事件

などにおける警察の不手際に対する批判を受けた警察による犯罪認知姿勢の変化がその要因として大きいというべきである。また，後者については，強盗が増加の主要因であり，最大の凶悪犯罪というべき殺人は安定的に推移しているのであって，しかも，強盗の増加については窃盗や恐喝が強盗に格上げされているからではないかとの指摘もある。「犯罪急増」の実体については，別稿で検討したようにむしろ否定すべきであろう。

2 国民の不安感は実体験によるものか

この問題につき興味深いデータを提供してくれているものがある。それは，朝日新聞が2004年1月12, 13日の両日実施した「定期国民意識調査」である。そのうち重要と思われる部分を挙げてみよう。

> 「犯罪や治安などについておうかがいします。あなたやあなたの家族が，犯罪の被害にあう不安をどの程度，感じていますか。」（択一）について
> 　「大いに感じる」26％，「ある程度感じる」52％，「あまり感じない」18％，「全く感じない」3％，「その他・答えない」1％。
> 「あなたは，日本の治安が五年前に比べてよくなったと思いますか。悪くなったと思いますか。それとも，とくに変わらないと思いますか。」について
> 　「よくなった」1％，「悪くなった」81％，「とくに変わらない」16％，「その他・答えない」2％。
> 「では，あなたが住んでいる地域の治安が五年前に比べてよくなったと思いますか。悪くなったと思いますか。それとも，とくに変わらないと思いますか。」について
> 　「よくなった」4％，「悪くなった」33％，「とくに変わらない」58％，「その他・答えない」5％。

以上の結果からは，まず，自分や身近な人が犯罪にあう不安を感じている人が78％に達していることが見て取れる。犯罪への強い不安が国民の中にあることがわかる。次に，その不安がいかなる情報によって形成されたものかを物語ってくれるのが，5年前に比べて治安がどうなったと思うかという問いに対する回答である。日本の治安については81％の人が悪くなったと思っているのに対し，自分の住んでいる地域の治安については悪くなったと思う人が33％にとどまっている。犯罪への不安78％と日本の治安悪化感81％はほぼ対応しているの

だが，身近な治安についての思いとの間には5割近いずれがある。身近な体感治安は日本全体に関する体感治安よりはるかに安定しているのである。このずれをもたらした重要な要因として考えられるのは，マスメディアによるセンセーショナルな犯罪報道である。体感治安が悪化しているのは，実際の犯罪体験によるというより，報道により作り出された幻想であるという面も否定できないのである。このことは，次の質問への回答からも窺い知ることができる。

「あなたは，最近の犯罪を見て，どういう傾向が気になりますか。」（択一）
「衝動的になっている」17％，「凶悪化している」29％，「加害者の低年齢化」23％，「家庭の中でおきている」3％，「ストーカー的な犯行」2％，「無差別的な犯行」14％，「ゲーム感覚の犯行」7％，「ハイテク機器にからむ犯行」1％，「その他・答えない」4％。

上位4つの，「衝動的」，「凶悪化」，「低年齢化」，「無差別的」というキーワードは，ニュース・バリューに富んでいる。まさにセンセーショナルな報道にうってつけのものである。しかし，凶悪化については，強盗が増加しているものの殺人は安定しており，殺害方法においても以前にも残酷なものはあった。少年犯罪の凶悪化が語られるが，1969年，1986年および2005年を比較して，少年犯罪で増えているのは強盗だけであるとの指摘[7]もある。殺人や傷害，強姦などはいずれも減少している。増えたとされる強盗については，引ったくりや万引き後の抵抗が窃盗から強盗に格上げされるようになったのではないかという問題もつとに指摘されているところである。低年齢化については，その事実を示す統計データはない。70年代から80年代はじめにかけて顕著になった低年齢化は，その後落ち着きを取り戻しているといえる。触法少年の一般刑法犯検挙人員や凶悪犯検挙人員は1966年から2003年の統計で見れば，強盗が増加傾向にあることを除き，むしろ安定しているといえよう。無差別的というが殺人は依然として身近な者の間で起こるものが一番多い。2003年の殺人1258件のうち，親族等によるものが42.2％，面識ありが42.8％，面識なしが14.6％，その他が0.5％。

2 国民の規範意識や国民の正義観念に応えるという論拠について

1 その特徴

　厳罰化立法の必要性を国民の規範意識や国民の正義観念に求める最近の例として，法制審議会「刑事法（凶悪・重大犯罪関係）部会」での重罰化推進論がある。その特徴は，国民の中にある厳罰を求める声を「国民の正義観念」や「国民の規範意識」であると位置づけ，それに応えて厳罰化することにより，「国民へのメッセージ」を送るという点にある。

　確かに，刑事立法や司法が国民の規範意識や正義観念と乖離することはできないし，またすべきではない。それらに応えることは刑事立法の課題であるといわなければならない。

　しかしながら，問題は，「国民の規範意識や正義観念とは何か」，また，「それをいかにして把握するのか」ということにある。ところが，厳罰化推進論者は，この肝心な問題につきほとんど語ろうとしない。

2 「国民の規範意識」とは

　言うところの正義観念や規範意識は単なる感情ではないのか。現実を正確に分析・検討したうえでの観念や意識なのであろうか。それはプラス価値をもちうるものなのだろうか。これらの点を検討する必要がある。

　厳罰化推進論者は，「国民の規範意識」を「国民の正義観念」と同義か，あるいは少なくとも重なり合うものとしてとらえている。

　そのことから推測すると，まず，その規範意識なるものも，単なる規範感情では足りず，もっと理性的に検討された観念により構成されたものであると考えられているのであろう。現に立案当局者も，たとえば，「国民の目からしますと，そもそも傷害致死と殺人が違うのだということすらなかなか理解していただけないわけで，それは冒頭申し上げた理屈から，それは違うというふうに言わざるをえないわけですけれども[12]」と考えている。現在一部の厳罰意識は結果責任の追及まで要求しており，そのことが責任原理との関係で問題をはらむことについては認めているということであろう。けれども，刑法の最も基本的な原則であるウルティマ・ラティオ原則や謙抑主義による検討は棚上げされて

しまっている。

　次に，規範意識は，世論調査で明らかにされる国民意識と部分的に重なることはあっても同義であるとはいえないはずである。もしも同義であるとすれば，それは法の理念や価値を無視する日常意識実証主義になってしまうからである。それでは「悪法も法なり」の悪しき法実証主義に行き着いてしまう。

　規範意識が正義観念と重なり，法の理念や価値にかなうものであるか否かの検討が不可欠である。厳罰化が人間や社会のあり方として展望のあるものなのか。つまり世界の平和と人類の福祉を実現していく方向のものであるのか。この検討があってはじめて正義観念や理性的な規範意識であるといえる。ところが，推進論者の規範意識論は，国民の中にある素朴な被害感情や応報感情（時として報復感情というほうが当たっている）を理性の篩にかけることなく，立法の正当化根拠にしているきらいがある。正義観念を持ち出す以上はそれにふさわしい考察が必要である。それ抜きの正義観念は日常意識実証主義の弱点を覆い隠すためのヴェールであるにすぎないというべきであろう。

　3　「国民へのメッセージを送る」とは

　これには，国民の規範意識に応えて厳罰化立法を行い，その規範意識を支持するというメッセージを送ることにより，国民の規範意識を満足させ，犯罪予防を図るとの含意がある。

　周知のように，刑罰の正当化を犯罪の一般予防に求める見解には消極的一般予防論と積極的一般予防論がある。前者は，一般人への威嚇による抑止であり，後者は，一般人の規範意識を満足させ強化することによる予防である。厳罰化立法の「メッセージを送る」ということには，厳罰に処するという立法を国民に示すことにより威嚇し抑止するという意味もあろう。けれども，それとともに規範意識の満足・強化による予防が正当化根拠にされていることに注意する必要がある。

　厳罰化立法の犯罪抑止・予防効果については，それがどれほどのものであるのか，十分に検証されているわけではない。刑罰威嚇や警察監視による抑止は，監視が弱まったり，監視が行き届かないところでは効果がほとんどない。後述

するように，少なくともそのレベルでは解明されている。また，規範意識の満足による強化という点については，もともと規範意識の弱い層には抑止力として働きにくい。いずれにせよ規範意識の涵養を刑罰や強制によって行うことには大きな限界がある。と同時に，核心刑法は規範意識を社会的に涵養するうえで不可欠といわざるをえない。核心刑法はある行為が社会侵害の犯罪であることを宣言することに大きな意味があるのであって，刑罰を引き上げたからといってそのことが直接一般人の規範意識に影響するわけではない。[13] むしろ大きな影響を与えるのは，多くの人がそれを社会侵害性のある重大事だと意識するような自発的な任意の社会運動である。そのような社会運動がなければ，刑を引き上げても効果はない。

4 国民への矛盾するメッセージ

　厳罰化立法の基礎には，その依拠したとする「国民の規範意識」から判断すると，凶悪・重大犯罪を犯した者は被害者がこうむったと同じような苦痛を与えられるべきだ，痛い目にあわされるべきだ，との犯罪者観がある。犯罪者の人権は被害者の人権の前にかすんでしまっている。ここには排除的（exclusive）な犯罪者観が支配している。

　それに対し，刑務所における受刑者虐待事件を契機に設置された行刑改革会議による提言は別様のメッセージを国民に送っている。「行刑改革会議提言～国民に理解され，支えられる刑務所へ～」（2003年12月22日）は，行刑改革の理念として，「受刑者の人間性を尊重し，真の改善更生及び社会復帰を図るため」とか「人間としての誇りや自信を取り戻し」ということを掲げているからである。ここには包容的（inclusive）な犯罪者観が示されている。

　もっとも，提言自身，そのような理念やそれに基づく改革が国民の意識と衝突せざるをえないことを危惧し，国民への丁寧な説明の必要性を提言している。その危惧された意識とはまさに，上述した「凶悪・重大犯罪重罰化」法案が「国民の正義観念」・「国民の規範意識」という形で依拠したものなのである。同じ国家からの国民へのメッセージに矛盾が生じてしまう。国家意思のこのような分裂は，激動期の特徴でもある。

5 国民の理性的な規範意識

　国民は，厳罰主義で自分たちの安全を本当に守れると考えているのであろうか。国民は犯罪を予防するために何が一番必要だと考えているのか。この問題の検討を通じて理性の篩にかかった規範意識の内容を推測することができよう。

　上述した朝日新聞の「定期国民意識調査」には次のような項目がある。

「あなたは，犯罪を減らすために，何が最も有効だと思いますか。」（択一）
　「景気や雇用対策」17％，「モラルの向上」27％，「地域住民の連携」18％，「警察の捜査能力の強化」12％，「刑罰の強化」16％，「再犯防止のための更生策の充実」7％，「その他・答えない」3％。

　刑罰威嚇や警察監視による犯罪防止は併せて28％。モラルの向上，地域連携，経済対策が併せて62％，さらに犯罪者更生策を併せると69％にのぼる。

　刑罰威嚇の強化が最も有効であるとするのが抑止効果を理由にする厳罰主義であるとすれば，それは16％の支持を得ているにすぎないともいえる。もっとも，厳罰主義は被害感情・応報感情によるものもあるし，また，複数回答を可能にすれば，刑罰の強化を選択する割合も増えることが予想される。

　けれども，マスメディアのセンセーショナルな報道にさらされ，犯罪への強い不安に駆られながらも，依然として約6割の国民が基本的には刑罰威嚇や警察監視で犯罪を予防するより，任意の関係での規範意識の涵養や人々の連携，社会経済政策が最も有効であると考えている。犯罪への不安感から犯罪対策の強化を望みはするが，約7割の国民が犯罪を有効に防止するには刑罰威嚇や警察監視の強化以外の取組みが基本であると考えているわけである。この意識状況は，後に述べるように犯罪抑止・犯罪防止に有効でなく，むしろ社会に与えるダメッジのほうが大きい厳罰主義を克服する力が社会の中に存在することを示すものであり，重要である。

Ⅲ　刑罰威嚇や警察監視の犯罪抑止力とは

1 危険運転致死傷罪厳罰立法の効果

　刑罰威嚇や警察監視がどの程度犯罪を抑止する力をもつのか。この問題を考えるうえで，重要で興味深いデータがある。それは危険運転致死傷罪立法と飲酒運転等を重罰化した立法の施行後の状況に関する統計データである。

1　危険運転致死傷罪の特徴

　危険運転致死傷罪（刑法208条の2）は，東名高速道路での飲酒運転トラックによる追突死傷事故被害者遺族による重罰化要求に端を発した危険運転事故重罰化世論に応えるという理由で立法された（平成13年12月5日法律138号，施行平成13年12月25日）。立法理由にそれによりこの種事案を抑止・予防するという目的が掲げられなかったという特徴がある。立案当局者も，この立法により被害感情に応えることはできても，犯罪抑止効があるとは考えることができなかったのであろう。危険運転致死傷罪は，危険運転といういわば故意挙動犯としての危険性・悪質さとそれにより生じた死傷という結果の重大性ゆえに最高15年の懲役刑に処することができるようにするものであった（その後の刑法一部改正によりさらに懲役20年に引き上げ）。これは一種の結果的加重犯として構成されたものであるといってよい。懲役15年（現在20年）の刑にふさわしい犯罪類型にするためには結果的加重犯構成にせざるをえなかったのであろう。

　しかし，その犯罪の実体は無謀（recklessness）による致死傷である。日本の刑法の罪種としては，重大な過失による致死傷である。それは過失犯の一種であるにすぎない。過去の経験からしても，過失犯を重罰化することでそれを抑止・予防することがいかに難しいことかわかっていた。

2　業務上過失致死傷罪法定刑引き上げの効果

　たとえば，モータリゼーションが急速に進展し道路交通事故が急増する中で，それへの対策として業務上過失致死傷罪の法定刑の上限を3年の禁錮から

5年の懲役・禁錮に引き上げた刑法の一部改正法（昭和43年5月21日法律61号，施行昭和43年6月10日）による経験である。

その重罰化立法にもかかわらず，同年，翌年および翌々年にいたるまで業務上過失致死傷罪の急増は続いた。減少に転じたのはやっと昭和46（1971）年になってからであった。減少に転じた理由を当時の警察白書は次のように整理している。「この減少要因としては，交通安全施設の整備充実，交通指導取締りの強化，運転者管理体制の整備，国民各層の交通安全に対する理解と努力などがあげられる[14]」と。刑法の一部改正という鳴り物入りの重罰化であったが，その効果はほとんどなかった。予防効果は，刑罰以外の諸施策，たとえば信号機の設置とか，白バイ，パトカーなどによる機動警ら活動密度の強化などによって生じたものである。これらのことが，その警察白書により具体的データを用いて実証されている[15]。

3 危険運転致死傷罪立法に抑止効果はあったか

危険運転致死傷罪立法の犯罪抑止力がほとんどなかったことも，警察庁がまとめた統計データで実証されている。

危険運転致死傷罪は2001年12月5日公布・同年12月25日施行であったことから，その効果は遅くとも2002年1月から生じるはずである。ところが交通事故による死者数の推移を見ると，2001年1月から5月の死者数が3346名で，減少率が前年同時期比で6.1％減であったのに対し，肝心の2002年1月から5月の死者数は3320名，前年同時期比0.8％減であるにすぎなかった。

ところが，2002年6月から12月の時期には，5006名で前年同時期比7.3％の減少になり，2003年1月から5月では2933名，前年同時期比11.7％減，同年6月から12月は4769名，前年同時期比4.7％減になる。この死者数の主な減少要因としては「飲酒運転の厳罰化等悪質・危険運転者対策を柱の1つとして平成14年6月に施行された改正道路交通法令の効果を挙げることができる[16]」とされている。危険運転致死傷罪の抑止効果は，言及するまでもないほどのものであったということである。

2 道交法による飲酒運転厳罰化改正の抑止効果

1 酒気帯び運転について

 上記した警察庁交通局のまとめで指摘されているように，道路交通法による飲酒運転重罰化立法は酒気帯び運転についてはその取締りの徹底と相まってかなりの効果があった。

 同改正は2001年6月公布され，翌年の6月1日から施行された。0.25mg以上の酒気帯び運転を見ると，改正法施行後の2002年6月から12月では，その取締件数が6万6602件（前年同期13万8936件）となり前年同期比で52.1％の減少であった。また，同時期の飲酒交通人身事故の発生件数は，1万853件（前年同期1万4861件）となり前年同期比で27％の減少であった。飲酒運転による死亡事故は，522件（前年同期712件）で前年同期比26.7％の減少である。

2 酒酔い運転について

 もっとも，注意を要するのは，酒酔い運転の状況である。これは，2002年6月から12月では，1515件（前年同期1524件）で前年同期比0.6％しか減少しなかった。また，2003年中6月末までの1069件に対し，2004年中6月末までの1070件とここでも減少していない。これは，酒気帯び程度であれば刑罰威嚇や取締りが即効的に抑止効果をもつが，酔払いにまでなるとそれらは少なくとも即効的な抑止効果をもちえないということであろう。

3 小 括

 以上から少なくとも次のことがいえるように思われる。

 第1に，公道における飲酒運転のように取締機関による直接の監視が可能であり，しかも違反があれば直ちに検挙できるものであって，行為者もそのことを認識・自覚している場合には，それらの状況が維持される限りにおいてではあるが，刑罰威嚇も抑止力をもつことである（もっともそれが自由刑である必要はない。一般庶民には30万円を3人分で90万円というレベルでも効果あり）。

 しかし，第2に，自分は大丈夫だと考えて危険行為に出る者とか，監視や取締りを掻い潜ることができると考えて行為に出る者に対しては厳罰化はほとん

ど抑止効果をもたないということである。刑罰威嚇は他律的なものだから，そもそも規範意識の希薄な者や規範意識が鈍磨した者に対しては，刑罰威嚇の強化はそれによってほぼ確実に処罰されるという客観的状況とそのことについての本人の認識・自覚がない限り，抑止効果をほとんどもたない。さらにいえば，処罰覚悟の者や自殺覚悟の者には刑罰威嚇も監視カメラ[19]も抑止力になりえない。また，警察力には限界があるから，重点取締りによって一時的に抑止できていた分野でも，監視と統制が弱まれば，元の木阿弥になってしまう。

規範意識の強化には任意の関係での社会的な運動と本人の納得が必要であるというべきであろう。

したがって，過失犯にとどまらず故意犯であっても，取締機関による直接の監視と統制が及ばない場所と時間に行われるものについては，厳罰化しても，それはほとんど抑止効果をもたないということである。「凶悪・重大犯罪」厳罰化をはじめとする最近の重罰化刑法改正は，犯罪抑止効果をほとんどもたないものといわざるをえない。それは国民の単なる処罰感情に応えるにすぎないものであり，選挙民の歓心を買うための象徴立法にすぎないといっても過言ではない。犯罪が減少するとすれば，それは厳罰化以外の要因によるものといえよう。

Ⅳ　厳罰主義イデオロギーとその批判

1 厳罰主義イデオロギーとその背景

今日，厳罰主義が支配的なイデオロギーの１つになっている。それはなぜであろうか。

以前であれば感情的な反応で厳罰化や犯罪化を求める声が挙がっても，専門的な知見に基づく理性的な対応がその暴走の歯止めとなっていた。ところがいまや理性はその権威を失墜し，直感や感情が理性による検証を経ることなく国家の刑事政策を動かすかのようである。

1 厳罰主義の背景に関する諸見解

今日,厳罰主義的規範意識が強まりつつある理由を,9・11後の「テロ」に対する恐怖の高まりと過剰反応に求める見解がある。けれども,今日的現象は9・11事件の前から起こっていた。9・11事件はその傾向に弾みをつけたにすぎない。また,重大事件を契機に引き起こされるモラル・パニックとの見方もある。けれども事態はもっと構造的なものだといわざるをえない。

今日的現象はむしろ,基本的な法意識・規範意識や政策形成のシステム自体が変容しつつあることの反映なのではないか。これとの関係では,「現代社会の高度化・複雑化」やそれに伴う「不安感」に求める見解とか,「危険社会」論に立って不安感を説明する見解とかが,有力である。けれども,社会の高度化・複雑化ということの内実は分業と協同の関係の深化にあるのだから,基本的に相互に信頼し合う連帯的社会関係が構築できれば,今日のように深刻な不安感は出てこないはずである。また,「危険社会」というけれども,すでに指摘されているように,依然として人類は地震や暴風雨,疫病等といった自然の脅威(それらは「新しい社会的危険」と勝るとも劣らない危険である)から解放されたわけではないが,昔に比べれば安全になっている。社会の高度化・複雑化や危険社会論というような一般論で今日の厳罰意識を説明しようとするのは,いまだ皮相であるといわざるをえない。

そのような不安感が社会的に醸成され,厳罰主義に結晶していく背景には,新自由主義政策により作り出された社会関係があるというべきであろう[20]。それは,本来的に社会的であり,さらに今日では分業と協同をより高度に統一しなければならないにもかかわらず,排除的な競争に急ぎ立てられ,バラバラにされる個々人間の関係である。この社会関係の矛盾にこそ,多くの人々が抱える不安感の最大の理由がある。

2 新自由主義と「自己決定・自己責任」論

新自由主義は,イデオロギーとしては自己決定・自己責任の人間像を基礎にして国家による経済社会への規制を緩和し,自由競争による秩序形成に期待する。そして競争のルール違反が起こったときに国家が乗り出し規制する,つま

り事後的に規制するという形をとるといわれる。国家の役割は軍事・治安機能に特化されるのが望ましいとされる。

しかし，その実態はどうかというと，経済活性化への国家による関与が引き続き強化される。企業活動に対する種々の優遇措置，つまり租税政策や補助金政策，通貨・為替管理などが引き続き強力になされている。国家機能の後退は社会福祉などの社会政策の面においてであるにすぎないといっても過言ではない。

また，新自由主義による政策は，国家の役割として特化された軍事・治安機能を不断に拡大・強化しようとする衝動を生み出さざるをえない。なぜなら，その市場原理がはらむ「弱肉強食」を当然としてしまいかねない論理は，連帯や包容・寛容より敵対と排除・非寛容・厳罰主義への，つまり強権的秩序維持への願望・期待を必然的に生み出すからである。今日の厳罰主義の源泉はそこにある。

犯罪・非行対策が選挙公約になる政治状況はポピュリズムでもある。時代閉塞状況とか，「不確実性の時代」とかといわれるのは，政治が先導して政治の力で直接社会問題を克服するという構想をしめすことができないからである。個々人の自助努力に頼らざるをえない。新自由主義を基礎にした政治にやれることは，弱肉強食のジャングルの掟の貫徹を阻んできた法制度を緩和・撤廃することである。しかし，そこで勝者になるのは少数のみ。そこで，不安に駆られながらも社会変革による打開の展望をもてないでいる，それゆえ身近な安全への不安を身近なものへの対応で何とか解決できないかと願う多数の選挙民の感覚・感情に訴えた政治的支持獲得が重視されるようになる。犯罪者をスケープゴートにする犯罪対策は格好の選挙スローガンになる。

② 自律を擬制した排除型厳罰主義を支える人間像・社会像

厳罰主義が支配的なイデオロギーになるからには，そこに独特の人間像・社会像があるはずである。

今日の厳罰主義を支える人間像として重要なのが，「自己決定・自己責任」

論である。これは，新自由主義の中心的人間像になっており，その社会像をも規定している。

もっとも，自己決定・自己責任論が厳罰主義を支える人間像になっているという見解に対しては，そうではないとの強い反論が予想される。けれども，今日の日本における支配的イデオロギーであり，しかも現実の国家政策を領導している新自由主義と自己決定・自己責任論との関係，その関係における自己決定・自己責任論の性質・内容，その論理と実体の解明が必ずしも十分に行われているわけではない。そのことが事態の正確な認識の妨げになっているように思われる。そこで本章では，自己決定・自己責任論がなぜ厳罰主義に結びつくのか検討してみたい。

1 「自己決定・自己責任」論と責任原理

自己決定したのだから責任をとる。この命題自体は理性的な人間のあり方として当然であるように思われる。そのように思われることから，自己決定思想はいうに及ばず，自己決定・自己責任論にも，それ自体としては問題がないのではないかとの見解も有力なわけである。いや支配的であるというべきかもしれない。現に，刑法原理とされる責任原理の基礎にもその命題がある。責任原理は刑事責任の限定法理であるとの理解も有力である。

しかし，責任原理には二面性があることに注意しておかなければなるまい。一方の面は，自己決定しない限り責任を問われないという面であり，他の面は，自己決定すれば責任をとるべきだという面である。前者は帰責限定法理であり，後者は帰責構成原理である[21]。後者はそれ自体を強調するだけでは，論理的にも実際的にも必罰主義に連動しやすい構造をもっている。

限定法理であれば，当該行為者に視野を限定して責任の有無を判断しても問題はないが，構成法理の論理で当該行為者に視野を限定し，せいぜいのところ行為者と被害者という狭い人間関係に焦点を絞って責任を判断すると，人間のもつ社会性が無視されるとか，社会の側の責任が棚上げされることにより，行為者にのみ厳しい責任を押しつけることになる。自己決定・自己責任論は，実際に自己決定することができた行為者の責任を問うことにおいても厳罰に行き

着きがちなのであるが，その理由は，上述したように，責任原理を構成原理においてとらえ，しかも責任判断において事態の社会性を無視することにある[22]。これはアトム的な自律的人間観が陥りがちな問題性であるということもできる。二面性をもつ責任原理を正しく発展させるためには，犯罪者の人間としての尊厳と社会性を統一的にとらえることが肝要である。

2 自己決定の擬制――その巧妙さ

自己決定・自己責任論のもう1つの問題点は，すでに多くの人により指摘されているように，自己決定を擬制しがちなことである。「自己決定できていないのに，自己決定したものとみなす」。このように表現すると，それはあからさまな擬制であり，その虚偽性は誰の目にも明らかであろう。

しかし，新自由主義の自己決定・自己責任論は，そこまであからさまに自己決定を擬制することはしない。あたかも「自己決定できるから自己責任だ」とか，「お前には選択の自由があったのだから結果に責任をとれ」といっているかのような感じを受ける。ところが，実際には，自己決定が擬制されてしまう。そのような論理でないと，「自由」のイデオロギーにはなりえない。

(1) 「自己決定できる存在」という論理

そこで登場するのが，人間は自己決定できる存在だから，自己決定すべきであるという論理である。ここで注意すべきなのは，当該個人が具体的に自己決定できたかどうかではなく，人間とはそもそも自己決定できる存在であると解されている点である。抽象的な理性的人間像，抽象的な自己決定可能性である。そのようにして自己決定すべき存在であるとされる結果，具体的な場合において個々人は自己決定できることが予定され，原則とされ，推定される。このように推定されるにすぎない場合は，まだ事実により推定を覆すことができる。

ところが，場合によっては，自己決定できるものとみなされることさえある。12歳の子どもであろうと，精神障害者であろうと，自己決定できる存在だとみなされることもあるということである。一般の国民の中には，故意による殺人と過失致死を区別しないでどちらも極刑に処するべきだとの主張さえもが見られる。重大結果の場合は，わずかな過失であっても，あるいはまた法的な過失

といえるものがなくても，重罰に処すべきだとの主張まで行われることがある。そこには古い結果責任主義が残っていると指摘することもできよう。「結果責任」を問うというのは，古い，素朴な責任観である。けれども，それだけでなく，自己決定すべき存在であるという人間観からする責任論においても，自己決定を擬制することを介して結果責任をも認めてしまうおそれがある。新自由主義による自己決定の擬制論が，古い結果責任主義と同様の結論にいたりうるということである。法律の専門家でない一般の人々の素朴な感覚からしても，台風や地震による人身被害と過失による人身被害は区別される。台風や地震を処罰せよとは主張しない。人によって惹起された結果についてはその惹起者の処罰を要求する。自然現象と人間による仕業は区別されている。なぜ区別できるのだろうか。人間は自己決定できる存在だとみなされているからであろう。

　人間は自己決定できる存在であると推定するにとどまらず，そのような存在であるとみなしてしまうことは，決してとっぴな見解ではない。同様の見解はすでに一部の刑法学説によって有力に展開されている。法制審議会に参加した刑法学者が厳罰主義に迎合してしまう背景には，厳罰主義の論理に対抗できない刑法学説がすでに存在しているという事情があるといわざるをえないように思われる。刑法理論的には，たとえば，故意の存否を国民の規範意識に依存させる見解とか，未必の故意に関する規範的動機説などに見られる規範主義的理論構成である。故意の客観化説にも同様の発想がある。法秩序の防衛という観点から故意と過失を区別する学説も同様である。

(2)　「自己決定できた」一般人基準の論理

　また，「自己決定できたのであれば，責任を問う」という命題もある。その論理は，過失の責任を問うときに用いられるものであり，自己決定の擬制ではないと考えられている。巧妙な自己決定擬制論は，この論理を利用する。もちろん換骨奪胎することによってであるが。その巧妙さは，判断基準を操作することに見られる。すなわち，自己決定できたかどうかを判断するにあたり，経験則を利用せざるをえないということを理由にして，行為者基準でなく一般人

基準を採用するという方法である。行為者が置かれた状況に一般人を置いてみて，一般人であれば決定できたか否かということで判断する。いわゆる一般人基準説である。自己決定できたかどうかは行為者にとりそうであったかが問題であるにもかかわらず，一般人にとり自己決定できたのであれば，行為者自身にも自己決定できたものとみなされる。一般人基準説には自己決定の擬制があるといわざるをえまい。

　以上のことからわかるように，「自己決定・自己責任」論は，実際に自己決定できる中で自己決定したのだから，やったことへの自己責任を問うという理論ではない。自己決定を擬制して，自己責任を問う理論なのである。しかも，そのような擬制を正当化してしまうような刑法学説がすでに存在していた。そのことが刑法の専門家における厳罰主義への抵抗を弱めているのである。

(3)　自己決定擬制による厳罰主義は何をもたらすか

　自己決定を擬制する人間像は，犯罪についても行為者個人だけの問題にしてしまう。行為者だけの問題にしてしまうから，自己決定を擬制することになるといってもよい。登場する人間関係は加害者対被害者という構造に単純化される。犯罪がもつ社会性は棚上げされてしまう。また，勝者と敗者は競争の結果として決まるものであるが，競争の機会は平等に保障されているという理由で，競争の実質的条件に存在する社会的格差は無視される。

　他方で，新自由主義の諸政策によって上から競争を組織され，ばらばらにされ，自己決定・自己責任を押しつけられた個人は，それでも必死に生きている。自分は必死に生きているのに，そのような自分たちを攻撃するとは何事か。犯罪者にはそれこそ自己責任を負ってもらう。社会的連帯から出てくる人間としての精神的ゆとりや寛容を失う中では，犯罪の社会性に目を向ける余裕もなく，厳罰による癒しを求める。けれども，厳罰によって人間としての心の安らぎを得られるわけがない。

　そのような厳罰意識が「異質と思われるもの」への排除・排外意識に連動することは目に見えている。それは，猜疑心と不安感を再生産するばかりか，新たな犯罪をも再生産してしまう。厳罰主義は問題を悪化させるものといわざる

をえないのである。

③ 自己決定思想や自律的人格論との関係

さらに，以上のような抽象的な自己決定論が，自己決定思想とか，人格の自律性に人間の本質つまり人間の尊厳を求める思想と結合すればどうなるか。

自己決定思想とか，人格の自律性に人間の尊厳を求める思想とかによると，犯罪，とりわけ人身犯罪には生命や身体の安全，身体的自由という物質的法益だけでなく，自己決定や自律的人格という精神的法益に対する攻撃・侵害が含まれる。自己決定保障の重要性が増す中では，自律的人格という精神的法益の重要性も増している。自己決定や人格の自律性は単に権力から保障されるだけでなく，積極的に保護されるべきだというわけである。刑法による規制を考えるうえで必要な他の考慮要因から切り離してこの論理を展開すると，その行き着く先は，生命や身体の安全，身体的自由に対する犯罪に対する刑罰を引き上げるべきだということになる。

他方において，犯罪行為者にも人格の自律性があるから，行為者にとっても処罰によって受ける，その生命や身体の安全，身体的自由に対する侵害は従前に増して大きくなっているはずである。すなわち，行為者の人間としての価値も高まったといえるのだから被害者の価値の高まりと相殺されて，厳罰化には向かわないともいえる。

しかし，実際には厳罰化に向かってしまう。そうなってしまうのはなぜか。その論理構造とともに検討しておく必要がある。人格の自律性論が厳罰化に向かってしまう理由は，行為者の自律性は（抽象的にとらえられ，それゆえ社会的には擬制されるわけであるが），犯罪の責任を加重する方向に作用するからである。自律的人格という尊厳ある存在（被害者）を自律的人格つまりより理性的な存在に発展したはずの人間が自律的に害すとはもっての外だ。それは，自律的人格にふさわしくない行為だから，より厳罰に値するというわけである。

さらにそれが，「ふさわしくない行為」というにとどまらず，自律的存在に「ふさわしくない者」，つまり「人間にあるまじき存在」だということになる

と，社会からの排除，社会の敵だとの扱いにまでいたる。抽象的な自律的人格論には，そういった厳しさが内在しているというべきであろう。

しかし，他人を害した者には人権はないという考え方は，人権の普遍性を否定するものといわざるをえない。人権は，どのような人種にも，外国人にも，犯罪者にも，精神障害者にも保障されるべき権利だから，人権なのである。

人間の尊厳は，自律的人格だからでなく，人は人であることにおいて尊厳を保障されるものと解されるべきである。生まれながらの人権とはそういうものであるはずだ。人間は自由に処分できる物ではない。他の目的のもっぱら手段にすることの許されない存在である。人間の尊厳の意味はそのように解されるべきであるように思われる。

今日組織犯罪対策やテロ対策の一部に見られるにいたった対敵刑法ないし敵味方刑法（Feindstrafrecht）はその犯罪者を社会の敵であるとし，社会からの排除を追求する。これをルソーやカントの社会契約論や法哲学によっても認められた考え方だとして法理論としてありうるとするものもある[23]。けれども，その論者も，それが「政治的には危険である」ことは認める。政治的に危険な法理論ならそれを批判しそれに代わる法理論を展開すべきはずなのだが，そうしない。法実証主義の限界というべきか。時流追随主義は現在の日本の刑法学界にも見られる。ナチスに協力してしまった，天皇制ファシズムに協力してしまった刑法学と同様の弱点は，残会ながら今日にも残っているのではないか。

社会契約論でもロックやベッカリーアのそれは，異なった対応を示す。犯罪行為は社会に敵対するものであるが，犯罪者は人間として自由の享有主体，人権の主体であることに変わりはない。この考え方が，近代刑法の行為原理，つまり「犯罪は行為である」という原理を基礎づけた。敵味方刑法は近代刑法，行為刑法とは別物であるというべきである。

V 厳罰主義の帰結と対抗戦略

1 厳罰主義の帰結

　厳罰化立法の多くが，それによる犯罪抑止効を証明できない象徴立法になっており，選挙民の不安感に応えるとか，報復感情に応えるにすぎないものになっている。いわゆるPopulismの弊害である。しかも，それらは人権保障を危うくするばかりか，社会の自治能力をも衰退させてしまいかねないものになっている。

　今日の状況は，「刑罰依存症候群」とでもいうべき様相を呈している。これは法形態としては刑法の行政法化，警察法化という形で進んでいるのだが，それと同様の状況は歴史的には，社会の大きな変動期であった絶対主義時代の警察配慮国家において見られた。つまり今日の刑法現象は形態的には前近代への「先祖がえり」的様相を呈している。今日の刑法現象やそれを正当化しようとする刑法理論は，なにも新しいものではなく，むしろ近代以前に先祖がえりする古臭いものなのである。それは警察福祉国家の刑法ないし刑法理論であるといったほうがわかりやすいのかもしれない。

2 それへの対抗戦略

1 近代刑法原則の発展

　そのような問題を克服するためには，個々人の自律を擬制した排他的厳罰刑法でなく，自立を支援し合う連帯的包容的な刑法が重要になっている。そのためには前近代の混迷と暴虐を克服し人間にふさわしい刑法を確立しようとした近代刑法原理の意味を再確認し，その発展を図るための〈総合的な法政策〉(注意：単なる刑事政策ではない) が必要である。

　まずそのような刑法原理としては，罪刑法定主義，侵害行為原理（歴史的には単に行為原理という）および責任原理が挙げられる。後の2つが結合したのが

個人行為責任の原則である。個人行為責任の原則の具体的な現れが単独犯原則／共犯例外とか共犯従属性原則なのである。ここで重要なことは，それらの原理を完成形態において形式的に理解するのでなく，それらを必要とし産み出した人間像，社会・国家像，換言すれば，人権と民主主義の思想を汲み取り，現代に活かすことである。

2　核心刑法と広範だが穏やかな介入法の理論について

(1)　核心刑法の意味

　行為原理や個人行為責任原理をはじめとする近代刑法原理によって立つ刑法は，フランクフルト学派（ナウケ，ハッセマーなど）の刑法理論にいわれる「核心刑法（Kernstrafrecht）」と同様のものとなろう。もっとも核心刑法だけで社会を管理できるわけではない。フランクフルト学派は同時に「広範だが穏やかな制裁しか伴わない介入法（Interventionsrecht）」の必要性を提唱している。このような介入法がたとえば迷惑行為の規制にとって一定有効であることは日本におけるストーカー行為規制法の適用状況からも明らかになる。ストーカー行為等規制法では警告や禁止命令を規制方法として定めている。統計を見ると，ほとんどの事案が警告だけで収まっている。

(2)　介入の2つのやり方

　もっとも，フランクフルト学派は介入法の内容を詳しく示すまでにはいたっていない。介入法の中身をさらに掘り下げ具体的な法政策へと展開していく課題が残されている。

　そのような作業を進めるにあたり，基本視点として，私は，介入法による介入の仕方には大別して2つのやり方があると考えている。その1つは，警察法による命令・禁止型の介入，つまり個人に義務を課しまたは特定の行為態様を禁止するという方式である。他方は，個人に権利を保障するとか付与する型の介入である。たとえば，公的権力の腐敗を防止するために，公務員の服務規律を強化拡大するのは前者の介入方式であり，国民の知る権利を根拠に情報公開請求権を強化拡大するというのが後者の介入方式である。企業の経済活動規制についても同様のことがいえる。無職少年が盛り場にたむろするのを禁止する

という方法と少年の発達成長権保障を具体化するための就業機会拡大とか自主的な集団活動への支援の拡大強化という方法の違いもある。そのほかに社会活動のための休暇権，子どもの成長発達権・自己表明権など。このように積極的な権利を保障するための法政策・立法を推進すれば，権利行使の相手方にそれに応える義務が生じることになる。けれども，権利を曖昧にして義務負荷を先行させるのと，権利を先行させるのとでは人間や社会のあり方が大きく異なることに注意すべきである。

そのようなやり方の違いは，権威主義的抑圧型と民主主義的人権型の違いであるといってもよい。「相互不信からの不安・恐怖に基づく防犯活動優先型」と「人権ベースの連帯による住民自治拡充型」の対立であるということもできる。21世紀の課題は，後者の確立・発展にある。

フランツ・フォン・リストが「最良の刑事政策は，社会政策である」と喝破したのは100年も前である。今日ではさらに，「最良の刑事政策は，人権と民主主義の発展である」というべきであろう。

VI おわりに

今日のような厳罰主義によって人間の安全が保障できるわけではない。犯罪への不安も軽減できないばかりか，むしろ拡大再生産されてしまう。

そのことは異常ともいえるほど厳罰主義が支配している米国の経験を見ることによっても裏付けられる。

すでに90年代中葉，米国における厳罰化が，ヨーロッパから見ると，いかに異常な傾向を示しつつあるかを多面的・実証的に検討した注目すべき論評があった[24]。

最近では，米国内部からも，アメリカの厳罰化は西欧の中では異常なほど飛びぬけていることを指摘しつつ，その異常な厳罰主義がコストの高くつくものであり，残酷なものであること，犯罪防止に有効でないものであること，しか

もそれを政治家は知りつつ，選挙での支持獲得のために引き続き厳罰主義を利用していると主張するもの[25]が現れている。そこではまた，実務上部分的ながらその行き過ぎを是正する動きが始まっていることも紹介されている。

　米国の経験としてはまた，ニューヨーク市長時代にジュリアーニ氏が遂行したタフな治安対策の成功が，「壊れた窓の理論」をも参考にしたものとして世界的に有名である。しかし，注意すべきなのは，ニューヨークで犯罪が激減したのは，臨機即応の犯罪対策ととともに，犯罪に手を染めなくてもすむような雇用確保・教育基盤整備などといった生活基盤や文化基盤の整備・拡充が精力的に推進されたことである。それは，犯罪対策でなく，まさに「腐ったりんご」を「輝くりんご」にするための都市再生事業であった[26]。

　刑法学者として世界的に有名なフランツ・フォン・リストがいったように，「最良の刑事政策は，社会政策である」。しかし，社会政策でも限界のあることは明らかである。さらに重要なのは，刑罰や警察に依存するのでなく，住民相互が自立を支援し合う連帯と住民自治に支えられたコミュニティの構築である。これは警察により上から組織されるとか，他人への不信感から行われる「自主的」防犯活動とは異質のものである。夏の夜，窓を開けたままにして眠ることのできる社会。それこそ，犯罪防止のための，回り道のようだが実は最も近い道なのである。「壊れた窓の理論」よりも「開いた窓の理論」の実践が求められている。これは，ムーア監督の「ボウリング・フォア・コロンバイン」という映画で紹介されたカナダの例と通じ合うものであるといってよい。

[注]
1）「9・11」以降はさらに「テロとの戦争」政策の動きも加わることになる。これらにおいては，犯罪との闘いでなく，「戦争」との位置づけがなされていることに注意する必要がある。
2）これらの様相については，すでに検討したところである。生田勝義「法意識の変化と刑法の変容——ひとつの覚書」国際公共政策研究6巻2号（2002年）50頁以下参照。
3）一般的に有期懲役・禁錮の長期を15年から20年に引き上げ，加減時のその上限を20年から30年へと引き上げるとともに，殺人罪や傷害罪，強姦罪などを重罰化し，新たに集団強姦罪を新設。

4）　生田勝義「日本の犯罪発生傾向と検挙率の動向」月刊自治研2003年10月号46頁以下。これは本書**第2章**に収録。
5）　朝日新聞2004年1月27日朝刊大阪本社13版掲載。
6）　凶悪化論への詳細な批判を展開しているのが，河合幹雄『安全神話崩壊のパラドックス――治安の法社会学』（岩波書店，2004年）47頁以下参照。
7）　藤川洋子『少年犯罪の深層』（ちくま新書，2005年）180頁以下参照。
8）　葛野尋之『少年司法の再構築』（日本評論社，2003年）478頁以下参照。
9）　『平成16年版犯罪白書』199頁参照。
10）　前掲注9）白書203頁参照。
11）　前掲注9）白書176頁参照。
12）　法制審議会「刑事法（凶悪・重大犯罪関係）部会」第三回会議（平成16年6月4日）議事録。
13）　今日の積極的一般予防論の弱点は，満足させられる規範意識の内容と範囲を明示できない点にある。その前提として正しい規範意識は何かを示せない点にある。規範意識実証主義の弱点であるということもできる。
14）　『昭和48年版警察白書』（昭和48年10月20日発行）240頁。
15）　前掲注14）白書234頁以下の「第6章　交通安全と警察活動」参照。
16）　警察庁交通局「平成15年中の交通死亡事故の特徴及び道路交通法違反取締状況について」（平成16年1月29日）3頁。
17）　警察庁交通局「平成16年上半期の交通死亡事故の特徴及び道路交通法違反取締状況について」（平成16年7月22日）28頁参照。
18）　ただし，平成16年6月末までの1070件に対し，平成17年中6月末は829件と22.5％の減少となっている（警察庁交通局「平成17年上半期の交通事故の特徴及び道路交通法違反取締状況について」（平成17年7月21日）30頁参照）。この減少要因が何であるかについてはなお検証が必要である。
19）　監視カメラの犯罪抑止効果に関する研究として参考になるのが、Brandon C. Welsh and David P. Farrington, Crime prevention effects of closed circuit television : a systematic review, Home Office Research Study 252, August 2002. これは，USA と英国の関係する先行研究46件から厳格な方法論的基準で22件を選び，分析したもの。その結論は，「全体として，現在最良の証拠からすると，CCTV は少しだけ（to a small degree）犯罪を減少させることがわかる。CCTV がもっとも効果的なのは駐車場での自動車犯罪に対してであるが，公共輸送機関や町の中心部における犯罪に対してはほとんど効果がないかまったくない」というものであった。2005年7月7日のロンドン自爆テロを監視カメラ王国といわれる英国ですら防止ないし抑止できなかった。容疑者4人がそろって監視カメラに収まるという事態は深刻である。
20）　ME 技術革新が労働手段を質的に変化させ，既存の社会関係を基本的なところから突き破り動かそうとしていること，その激動への対応策の1つが新自由主義であることを示しつつ，新自由主義と厳罰主義の関係を明らかにしたのが，生田勝義『行為原理と刑

事違法論』(信山社, 2002年) 15〜52頁である。
21) かつて消極的責任主義と積極的責任主義という概念が主張されたが, それは刑罰と保安処分のどちらを優先的に選択・執行するべきかという問題への態度決定に関するものであった。定義の問題だともいえるが, 混同を避けるために, ここではそれらの概念をあえて使用しなかった。
22) 今日の被害者保護論が厳罰主義に連動しがちである理由もここにある。また, 厳罰主義に連動する被害者保護論が実は新自由主義思想の刑法版であるという理由もそこにある。
23) たとえば, ギュンター・ヤコブス／平山幹子訳「市民刑法と敵味方刑法」立命館法学291号 (2003年5号) 459頁以下参照。
24) Franz Riklin, The Death of Common Sense, in Festschrift für Jörg Rehberg zum 65, Geburtstag, 1996, S. 269 ff.
25) Michael Tonry, Thinking about Crime, Sense and Sensibility in American Penal Culture, Oxford University Press, 2004.
26) この点については, ルドルフ・ジュリアーニ／楡井浩一訳『リーダーシップ』(講談社, 2003年) 9頁以下の「はじめに」および393頁以下の「付録 改革前と後」が必読である。ジュリアーニの犯罪対策を参考にしようとする人には特に薦めたい。

■ 第2章

日本の犯罪発生傾向と検挙率の動向

I　はじめに——問題の所在

1 「犯罪の急増」とは何か

　最近,「犯罪が急増し,検挙率が急減している」との指摘が目につく。それに続くのが,「日本は治安大国でなくなった。治安対策を強化する必要がある」との議論である。

　けれども,「犯罪が急増した」という表現には,留保がいる。犯罪の増減は犯罪を捜査当局が認知した件数（これを認知件数という）を根拠にして計られることが多いのだが,実は認知件数と犯罪の実数との間にはかなりのずれがあるからである。まず,犯罪の実数には暗数がつきものである。次に,認知件数は,被害者の被害意識の状況や警察の取締り意欲,取締りの重点の置き方などの,犯罪行為以外の要因によってもかなりの影響を受ける。たとえば,強制わいせつは被害者が性的自由を害されたと意識してはじめて犯罪と意識される。「犯罪の急増」についても,まずその実体を明らかにしておく必要がある。

2 犯罪の意味とその影響力

　犯罪は,住民の安全を踏みにじり,脅威にさらす。人々が犯罪の動向に強い関心をもち,犯罪が増加することに恐怖心を抱き,平穏な生活を願うのは当然である。

ところが，犯罪は，多種多様な要因が複雑に絡まって起こされるものである。犯罪に直接効く特効薬はない。行為者を厳罰に処しても，それで犯罪を防止できるわけはない。それどころか，厳罰主義は，すさんだ風潮を助長し，思いに反して犯罪を増加させてしまうこともある。

　犯罪という言葉は，特別の意味をもつ。たとえば，殺人は，個人を侵害することを通じて社会をも侵害するといわれる。殺人を見て怖いと感じるのは被害者との間に人間としての共通性が存在するからである。犯罪が増加したと聞いてこれは大変だと身構えてしまうのは，犯罪は他人事ではなくまさに自分の安全が脅かされたと感じるからである。逆に，自分の行いが犯罪に当たるといわれるとドキッとするのは，それが社会を敵に回してしまうのではないかと恐れるからである。このようにして犯罪という言葉は，良かれ悪しかれ，非常に感情に訴えかける力をもつ。

　それゆえ，犯罪問題はワイド・ショーの格好の題材にされる。ポピュリズムによる有権者獲得のための手っ取り早い方便としても利用されることになる。

　それだけに，犯罪問題の扱いは，情緒的ではなく，理性的・科学的になされることが重要になる。また，そのことによってはじめて，犯罪問題を本当に解決できる方策も明らかにできるのである。

II　犯罪認知件数と検挙率の動向

　『平成14年版犯罪白書』（2002年11月）の「はしがき」は次のように述べている。すなわち，「我が国の刑法犯の認知件数は，1996年以降，連続して戦後のワースト記録を更新し，2001年では358万件を超えた。交通関係業過を除く刑法犯を見ると，認知件数は273万件を超える一方で，検挙率は戦後はじめて20％を下回った。このうち約86％を占める窃盗および約5％を占める器物損壊の検挙率の低さが全体の検挙率の低下を招来させる要因となっているが，特に暗数が少ないとされる強盗の検挙率が下がったのは気掛かりな動向である。こ

うした犯罪情勢を背景にいわゆる体感治安は深刻化し，我が国の治安に対する国民の不安の念も強まりつつあるように思われる」と。

1 認知件数・発生率の動向

　犯罪の動向を判断するには，発生率（人口10万人当たりの認知件数）によるほうがより適切であろう。同上犯罪白書の統計（同300頁）によると，2001年の発生率は，「刑法犯」が2814，刑法犯から業務上過失致死傷罪を除いた「一般刑法犯」が2149である。刑法犯の発生率は1998年に2127となり，戦後（1946年以降）最高になっていたが，一般刑法犯の発生率もついに2001年に戦後最高に達したことになる。

　この事態をとらえて，「日本が経験したことのない『犯罪化社会』に突入しようとしている」という者もある。

　確かに，日本の犯罪認知件数や発生率は70年代を谷として80年代から徐々に増加してきていた。1996年から刑法犯認知件数の対前年比が顕著に上昇するようになる。それを支えたのは1997年までは一般刑法犯の認知件数増であったが，1998年以降は業務上過失致死傷罪の認知件数の対前年大幅増が合わさることになった。業過の急増の背後には長引く不況下における合理化による労働強化があるというべきであろう。

　特に注目すべき点は，一般刑法犯の認知件数が，2000年に対前年比で27万7844件，2001年に対前年比29万2142件と激増していることである。この事態がいかに異常であるかは，1999年と1998年のそれぞれの対前年比が13万強の認知件数増であり，その前の1997年が8万7445件増，1996年が2万9175件増，さらに1995年と96年はともに前年比マイナスであったことを考えると明らかであろう。

　認知件数と一緒に発生率の上昇も著しい。1996年以降，発生率も1440，1506，1608，1709と増加していたのであるが，2000年には一気に1925へと激増する。2001年は2149，さらに2002年には2240となり，増加傾向が続いた。

　認知件数増加に大きく寄与しているのが，一般刑法犯の9割弱を占めてきた

窃盗犯の動向である。窃盗の認知件数は，1999年から2000年にかけ，191万393件から213万1164件へと22万771件も増加している。けれども，同期の一般刑法犯は216万5626件から244万3470件へと27万7844件増加しているので，その増加への窃盗の寄与率は79.5％であるにすぎない。窃盗以外にも急増した犯罪のあることがわかる。

2000年に急増したものには，強盗，傷害，暴行，脅迫，恐喝，強制わいせつ，住居侵入および器物損壊等がある。これらは2001年にもさらに増加したが，2002年になると恐喝が減少し，強制わいせつの増が1.6％増に鈍っている。

重要犯罪といわれるものの中で増加しているのは強盗と強制わいせつ，次いで強姦である。それに対し，殺人や放火は全体の増加傾向に比べると比較的安定しているといえよう。

捜査当局の取締り姿勢や住民の被害感情・意識の変化に比較的影響されず，犯罪の中で最も暗数の少ないのが，殺人である。この殺人が認知件数，検挙件数，検挙人員において2000年以降も相対的に安定していることは重要である。

また，人身犯罪や財産犯罪については被害の程度がどのような水準にあるかも，その動向の質を判断するうえで重要である。この点については，2001年の死傷者別割合において軽傷者が89.3％と最も多くなっている（『平成14年版犯罪白書』158頁参照）。さらに，『平成13年版犯罪白書』109頁によると，生命・身体の被害については，1999年から2000年の被害者増加分の93.8％が軽傷者であり，また財産犯の被害額については窃盗被害の最頻値が10万円未満に変わりがないとの指摘が参考になろう。[4]

2 検挙率の動向

『平成14年版犯罪白書』は，まず，窃盗を除く一般刑法犯の動向と窃盗の動向に分けて分析・整理している。前者については，その「検挙件数は，平成7年からほぼ横ばいで推移しているが，認知件数の増加が著しく，とりわけ12年からは，急増したため，検挙件数の増加が追いつかず，これが検挙率を急激に低下させた要因の1つとなっている」（同7頁）。後者については，「13年にお

いても，窃盗は，認知件数の急増・検挙率の急落という傾向が続いているが，検挙人員は前年から反転して増加した。侵入盗，すり，引ったくり及び自動車盗という重要窃盗犯を見ると，その認知件数の合計が44万3502件と全体の18.9％を占めているが，その検挙率は27.1％と窃盗全体の検挙率より高いレベルを維持している」（同12頁）。なお，2002年には，窃盗の検挙人員が18万725人と前年比7.0％増になるだけでなく，検挙数も40万3872件と前年比9.9％増加するにいたっている。

一般刑法犯の検挙率は1989年を契機に顕著に減少し始め，2000年以降，急低下している。1989年を契機にした検挙率減少の主たる要因は窃盗における検挙数の急減である。窃盗の認知件数も漸増傾向にあったがそれ以上に検挙数・検挙人員の減が大きいことに注意する必要がある。一般刑法犯全体の9割弱を占める窃盗の動向が全体に大きな影響を与えたわけである。この1989年における検挙件数・検挙率の減少の主な原因として，『平成2年版警察白書』は，当時，自転車盗，万引き等の認知件数が増加していたのだが，そのような「被害意識の希薄な事案の捜査を合理化し」，もっと重要な犯罪の捜査に「重点を置く方針を採ったことなどの理由によるものと認められる」としていた。その後，1993年以降若干持ち直したのだが，克服できないまま，2000年の検挙率急減に行き着いてしまう。この急減は窃盗の認知件数増と検挙件数減が相乗したものだが，検挙人員は比較的安定的に推移していることに注意する必要がある。容疑者を捕まえても，忙しすぎて余罪の追及が以前ほどできなくなっていることの反映ではなかろうか。

また，警察庁のいう重要犯罪（殺人，強盗，放火，強姦の凶悪犯に略取・誘拐，強制わいせつを加えたものをいう）では，検挙数・検挙人員は若干だがむしろ増加している。ここでは明らかに，認知件数が急増したため検挙率が急減したわけである。認知件数の増加は，強盗と強制わいせつで著しいのだが，それらでも検挙件数・検挙人員での落ち込みはない。強盗の検挙件数・検挙人員は2002年も対前年の増加を続けている。

『平成14年版犯罪白書』は，「殺人の認知件数は，長期減少傾向を経て横ばい

ないし微増傾向が続いており，平成13年も前年に続き1300件を超えたが，その検挙率は94％から98％という世界でもまれにみる高率を維持している」（同8頁）と自画自賛している。

検挙率低下の主因は，認知件数の増加に捜査機関のキャパシティが追いついていないことにあるというべきであろう。

③ 少年と外国人

少年と外国人による犯罪が深刻になってきたといわれる。退廃的な風潮の悪影響を真っ先に受けるのが少年であり，不況による生活困難に真っ先にさらされるのが，「不法滞在者」といわれる来日外国人である。

少年犯罪が凶悪化した例として，2003年上半期の殺人検挙人員の急増が挙げられる。しかし，この点については，9人による集団暴行事件が1件，6人によるものが2件含まれていることにも留意する必要があろう。集団心理に駆られ付和雷同してしまいやすい少年の特性を考慮すべきである。『平成14年版犯罪白書』で見ると，一般刑法犯で検挙された少年の人口比は1983年の少年非行第3のピーク時の水準に近づいている。2001年に一般刑法犯で検挙された少年の6割が窃盗，2割弱が遺失物等横領である。強盗が1996年から97年にかけて急増し，1701人に達した（この点についてかつてなら窃盗や恐喝にとどまったものが厳罰主義の影響で強盗に格上げされているものも多いのではないかとの疑問もある）。殺人は100人を超えているが一応安定的に推移している。一般刑法犯検挙人員に占める少年の割合は，1999年以降5割を切り，2001年には46.3％になった。1999年以降，成人の検挙人員数が少年を上回るようになっている。高校を卒業しても，18歳を超えても，犯罪・非行から脱出できない層が増加しているのでないかという問題とも関係するのであろうか。

来日外国人の検挙人員も増加している。これには不況の影響が色濃いというべきである。1993年と2000年にF級（外国人）受刑者について入所までの在留期間について調査した法務総合研究所研究部のデータによると，1993年には366人中2年を超える者が23.8％であったのが，2000年には1195人中63.3％と

約40ポイント上回っている。このデータをもとにして，「経済的な不況の深まりとともに，我が国で職を得てそれなりの生計を立てていた者が，その職を失うなどの事態に直面し，本国に帰ろうにも帰れずに犯罪に手を染めるという構図が多くなってきているのではなかろうか」と指摘するものがある[8]。参考になる。

また，「組織化が進む来日外国人犯罪」といわれる。この言い方だと，あたかもマフィアのように強固な犯罪組織が確立されているかのように受け取る人も多いのではなかろうか。けれども，統計を見ると，実態は主として，3人組以上の「共犯」が増加していることを指しているにすぎないことがわかる。これは他面，足がつきやすいということでもある。また，次の指摘にも留意する必要がある。すなわち，「いわゆる蛇頭とよばれる密入国組織や窃盗・強盗の集団，偽造カードのグループ等がその例であるが，日本の暴力団のようにある程度強固な団体を構成しているというよりは，メンバーは顔見知りが中心であるものの，しばしば流動的であるのが一般的である。連続強盗のように同一グループによると見られる一連の犯行であっても，主犯格がいたとしても，必ずしもすべての事案が同一メンバーというわけではない。メンバーの一部が他のグループの事件に関与していることも珍しくない。外国に本拠を置く犯罪組織なり，これと関連する者の犯罪もしばしば発生している[9]」と。

Ⅲ　外国との比較

2001年には犯罪率が戦後最高になり，「犯罪化社会」に突入しようとしているとの発言までなされるようになった。冷静で，理性的な対応のためには，他の国と比べて検討しておくことが必要であろう。

犯罪の発生率（人口10万人当たりの認知件数）で比較するのが国による人口の多寡を調整できるので妥当であろう。犯罪の国際比較にはまた，国により犯罪の成立要件に違いがあるという問題がある。そこで，比較的調整のしやすい殺

人と窃盗で見てみよう。

　発生率全体が急増した年である2000年について，殺人では，フランスで3.7，ドイツで3.5，イギリスで2.9，アメリカで5.5であるのに対し，日本はそれまでとほとんど変わりのない1.2であるにすぎない。また，日本で急増した窃盗については，フランスで3732，ドイツ3631，イギリス5595，アメリカ3618に対し，日本は1679の水準にとどまっている（以上，『平成14年版犯罪白書』319頁の「資料1-14　5か国における殺人・窃盗の認知件数・発生率」参照）。なお，2002年の日本は窃盗で1866（警察庁『平成14年の犯罪情勢』）。

　比較は難しいのだが，全体としての「治安状況」を知るためにはやはり，「主要な犯罪」での比較も必要であろう。2000年における「主要な犯罪」（日本は，交通関係の業務上過失致死傷罪を除く刑法犯）の発生率を見ると，イギリスが9767，ドイツが7625，フランスが6421，アメリカが4124であるのに対し，日本は1925にとどまっている（同上『平成14年版犯罪白書』319頁）。

　諸外国に比べると，日本はまだまだ「安全な国」というべきであろう。

Ⅳ　「体感治安」悪化の要因は何か

　現在の治安の状況を指して，『平成14年版犯罪白書』の「はしがき」は，「体感治安」が深刻化していると表現した。この「体感治安」という言葉は，2つのことを表現できる。1つは，客観的な現実の治安の深刻化が人々にも意識され始めたという意味である。2つ目は，客観的な現実の治安はさておき人々の意識においてはという意味である。上述した認知件数や発生率の動向を表面的に見る限りでは，前者の理解が妥当なように見える。けれども，その動向を支えた要因にまで目をやると，治安の現状については後者の意味で理解するほうが正しいのではなかろうか。以下で検討してみよう。

1 捜査当局の取締り姿勢に見る変化の影響

　1999年10月に発生した桶川ストーカー殺人事件，同年12月の栃木リンチ殺人事件では，警察が被害者家族からの通報を事件として受理しないとか，適切な対応を怠ったことから，被害者が殺害されるという結果が生じてしまったとして，世論の強い批判にさらされる。これに応える形で警察の捜査姿勢に大きな変化が生じてくる。

　重要なのは，2000年3月4日警察庁次長「犯罪等による被害の未然防止活動の徹底について（依命通達）」である。これは，「現在，警察に強く求められているものは，『安心して暮らせる空間』確保のための諸活動である」として，その要請に応えるために，まさに「犯罪等による被害の未然防止活動を徹底されたい」（下線，筆者）というものである[10]。その後，2000年4月には警察庁刑事局長通達「告訴・告発の受理・処理の適正化と体制強化について」が出され，さらに同年8月国家公安委員会・警察庁「警察改革要綱」中にも「『国民のための警察』の確立」の対策として，「告訴・告発への取り組みの強化」，「ストーカー行為，児童虐待等新たな問題への対応及び少年犯罪対策の強化」などが掲げられる。

　2000年以降の急増は，警察が，不祥事に対する世論の批判を受け，被害の通報に積極的に対応する方向に踏み出したことに大きく影響されているというべきである。傷害が1999年の2万233件から2000年の3万184件に，暴行が7792件から1万3225件に，脅迫が995件から2047件，器物損壊等が5万3552件から8万7943件に，それぞれ急増した主たる理由はそこに求められよう。また，家庭内の夫婦間暴力（DV）についての検挙件数が1999年の609件から2000年の1212件に急増したのだが，その理由が傷害と暴行の検挙件数の急増であったのも同じである[11]。

　告訴・告発の受理件数も，2000年以降急増している。これは，1999年の桶川ストーカー殺人事件などの警察不祥事への反省から，警察庁において指導体制を強化したからであるとされている[12]。

　以上述べたところに照らすと，次の指摘は的を射ているように思われる。す

なわち,「告訴・告発を中心とする事件通報に対する警察の立件姿勢が変化し,それまでは男女関係のもつれ,家族の問題等の理由で介入しなかったような民事に近い訴えに対しても,原則受理の方向で立件するようになり,従来は立件されなかった事件が立件されるようになった結果,認知件数が増加している可能性が強い。……急激に治安が悪化したものと考えるのは早計である」と。[13]

2 伏線としての「厳罰による被害者保護」論の高まり

2000年以降の認知件数・発生率の急上昇についてはまた,被害者保護思想とか被害感情・意識とかの高まり[14]が犯罪捜査当局の姿勢の変化を通して大きく影響しているというべきであろう。被害者保護思想は,1985年8月26日から9月6日の「犯罪防止及び犯罪者の処遇に関する第7回国際連合会議」において「犯罪及び権力濫用の被害者のための司法の基本原則宣言」が採択されて以降,日本でも1990年11月17日に「日本被害者学会」が設立され,1996年2月1日には警察庁が「被害者対策要綱」を策定して全国の警察に通達し,さらに,1999年12月16日に通達「女性・子どもを守る施策実施要綱の制定について」が出されたことなどからわかるように,現実の警察活動にまで取り入れられるにいたる。当初は,被害者の精神的被害や捜査過程における二次被害への対処が中心であったが,後には被害者保護のための厳罰化要求への傾向を強めるようになる。これは,立法にも影響し,1999年5月には「児童買春,児童ポルノに係る行為等の処罰及び児童の保護等に関する法律」,2000年には少年法の厳罰化改正がなされただけでなく,「ストーカー行為等の規制等に関する法律」と「児童虐待の防止等に関する法律」が公布される。2001年には「DV防止法」の施行,道路交通法改正による飲酒・無免許運転等の罰則強化,刑法一部改正によるクレジット・カード犯罪および,危険運転致死傷罪の追加がなされるにいたる。

3 平成不況の影響

この間の認知件数急増を主として支えたのは,窃盗や強盗・恐喝といった財

産犯の増加である。それら財産犯が増加していることの要因としては、この間の平成不況の厳しさが大きく影響しているというべきであろう。検挙者に見る犯行動機には遊興費欲しさの占める割合が大きいが、生活費のためなどの不況の影響によるものも軽視できない。犯行動機のデータについては、それらの犯罪の検挙率の低さに注意しておく必要があろう。

V 治安政策の強化で安全を守れるか

　世紀の変わり目以降の「犯罪の急増」の要因は以上のようなものである。それゆえ、犯罪が急増しているとパニックに陥ることは避けなければなるまい。と同時に、強盗・恐喝のように暗数や法意識の変化による影響の比較的少ない犯罪の認知件数が増加していることは、現実の犯罪増加を示すものとして重視する必要がある。
　かといって、厳罰主義による対応が妥当かというと、むしろ逆である。

1 厳罰主義や警察の強化では犯罪は減らない
　まず、厳罰主義によっては、犯罪の認知件数・発生率は減らないということである。厳罰主義を支える他者排除意識・風潮は、一方で、競争に乗りきれない人を犯罪に追いやるばかりか、他方において、競争に乗ることのできた人々にも不安感を掻き立て、軽微事案をも厳罰の対象にしようとするからである。90年代後半以降の日本の現実はまさにそのことを実証している。
　次に警察による犯罪抑止には大きな限界があるということである。この間の検挙率低下は、現状における警察の組織的対応力を超えて、第1に、認知件数が急増したこと、第2に、ストーカーやDVへの対応、「困りごと相談業務の強化」等に見られる警察業務の拡大（＝権限の拡大）がなされたことに主因がある。この事態を受けて、警察は、地方警察官の増員に乗り出した。警察と刑務所については、行政改革による人員削減計画を棚上げにして増員計画に変わ

りつつある。けれども，警察官の増員による対応には問題がある。第1に，警察力による犯罪抑止は，監視の強化された対象・場所・時間については犯罪を減らすが，そこで減った分は別の場所・時間とか別の形で犯罪となって現れるからである。たとえば，駐車場での自動車窃盗に重点取締りを行うと，それは減少するが，代わりに住居侵入窃盗が増加するという具合である。まさに「モグラたたき」である。第2は，警察官を増員するより社会福祉を担う要員を増員するほうが，保護を必要とする人々の人権保障を充実させ，結果としてより効果的に犯罪を減少させることになるからである。

2 厳罰主義は人権を危うくする

今日，厳罰主義が現実の刑事政策・治安政策に大きな影響を及ぼしつつある。それは，被害者保護論と新自由主義政策が生み出す非寛容・排除の意識とが絡み合いながら形成されたものであるといってよい。

この厳罰主義に応えるという形で，たとえば「困りごと相談業務の強化」が2000年3月4日の「犯罪等による被害の未然防止活動の徹底について（依命通達）」（警察庁次長）を受けて推進されている。けれども，そこには，警察組織法において警察の一般的役割として掲げられたにすぎない「犯罪の予防」ということが警察作用法における個別的警察活動の根拠法として援用されるという問題がある。その論理は公安警察による一般情報収集活動の法的根拠を説明する際にいわれてきたことと同じである。このように広範な警察裁量を認めてよいのだろうか。法治国家でなく，警察国家になってしまうのではないか。このような重大事態が，児童虐待やDVから児童や女性という「弱者」を救うためという大義名分を掲げて始まった取組みを露払いとして遂行されつつある。これが本当に人権の保護につながるのであろうか。

また，厳罰主義に乗っかる形で，象徴的立法や立法の実効欠損といわれる事態が進行している。たとえば「組織的な犯罪の処罰及び犯罪収益の規制等に関する法律」（組織的犯罪処罰法。1999年8月18日制定，2000年2月1日施行）が実際にどのような事件に適用されたか。『平成14年版犯罪白書』（18頁）には，検察

庁新規受理人員につき表が掲げられている。総数が2000年に26人，2001年の95人で合計121人。その多くが「組織的な賭博場開帳等図利」で2000年23人，2001年61人の合計84人で併せて全体の64.2％を占めている。同法が主としてねらったといえる「不法収益等による法人等の事業」は2000年の1人のみで，また「犯罪収益等の隠匿」や「収受」も合計で21人，全体の20％にとどまっている。強い反対を押し切り，鳴り物入りで立法した警察による「通信傍受」という名の盗聴についても，法務省の報告によると，2000年，2001年の2年間は0件で，2002年に2つの薬物取引事件について2件ずつ計4件の請求と令状の発付がなされたにすぎない。それでも，実施中の通話回数が計256回，そのうち「傍受すべき通信に該当する通信」が計61回。それゆえ，約76％の会話が犯罪と関係がないのに「傍受」（盗聴）されたことになる。

　さらに，組織犯罪対策の国際協調のためと称して「共謀」の独立処罰規定が導入されようとしている。対象罪種は500を超える。その中には「組織的」になされた威力業務妨害罪も含まれる。これが立法されれば，たとえば，住民団体が不誠実な対応に終始する役所とか企業に押しかけて抗議しようと話し合っただけで，話し合いに参加したとかその抗議活動に賛成した人を組織的威力業務妨害の共謀罪で処罰できることになる。

　そのように「共謀」だけで処罰しようとすれば，日常普段に住民を監視し，室内盗聴を含め，監視装置を駆使した普段からの情報収集が必要になる。「監視社会」への動きの危険性はそのような問題とも関係する。

　役に立たない治安立法で国富を消費するとか，本来の警察の責務でない福祉事業を警察にゆだねるとかではなく，国民の安全を保護するための刑事警察本来の仕事に集中できるようにすることが緊要の課題であるというべきであろう。

VI　おわりに

　ニューヨーク市長時代にジュリアーニが遂行したタフな治安対策の成功は，

「壊れた窓の理論」をも参考にしたものとして世界的に有名である。しかし，注意すべきなのは，ニューヨークで犯罪が激減したのは，臨機即応の犯罪対策とともに，犯罪に手を染めなくてもすむような雇用確保・教育基盤整備などといった生活基盤や文化基盤の整備・拡充が精力的に推進されたことである。それは，犯罪対策でなく，まさに「腐ったりんご」を「輝くりんご」にするための都市再生事業であった。[17]「犯罪対策閣僚会議」(2003年9月2日閣議にて設置決定・同5日に初会合) のように犯罪対策を各省庁が協力して推進するという方法では限界が大きすぎる。

　刑法学者として世界的に有名なフランツ・フォン・リストがいったように，「最良の刑事政策は，社会政策である」。しかし，社会政策でも限界のあることは明らかである。さらに重要なのは，刑罰や警察に依存するのでなく，住民相互が自立を支援し合う連帯と住民自治に支えられたコミュニティの構築である。夏の夜，窓を開けたままにして眠ることのできる社会。それこそ，犯罪防止のための，回り道のようだが実は最も近い道なのである。「壊れた窓の理論」よりも，「開いた窓の理論」の実践が求められている。

[注]
1) 前田雅英『日本の治安は再生できるか』(ちくま新書，2003年) 23頁。
2) この分は警察庁『犯罪統計資料 (平成14年)』による。
3) もっとも，2003年上半期の認知件数については，133万8983件であり，前年同期に比べ1万2574件 (0.9%) 減少したことを受け，「平成8年以降毎年戦後最多を記録していた増加傾向に一定の歯止めがかかったものと考えられる。」(警察庁『平成15年上半期の犯罪情勢』の「第1 刑法犯の特徴的傾向 1 全刑法犯」より) とされている。
4) 浜井浩一「増加する刑務所人口と犯罪不安」犯罪と非行 No.131 (2002年) 88〜89頁の注 (29) 参照。
5) 警察庁『平成14年の犯罪情勢』の「第3 資料2 包括罪種別の認知及び検挙状況 (5)窃盗犯」参照。
6) この点につき，浜井・前掲注4) 論文72頁以下にある指摘は重要である。
7) 浜井・前掲注4) 論文90頁注 (36)。
8) 滝本幸一・細川英志「行刑施設の収容動向等に関する研究」『法務総合研究所研究部報告20』(法務総合研究所，2002年) 55頁参照。
9) 宮本和夫 (警視庁組織犯罪対策本部長)「警視庁における組織犯罪対策」警察学論集

56巻3号115頁以下。
10) そのために行われる行為者に対する「指導・警告又は説得」の法的根拠は,「刑罰法令に触れないが,将来,相談者等に危害が生じるおそれがあると認められる場合」には,「相談者等の要請」と「警察法に規定されている『犯罪の予防』という目的を達成するために」それを「実施」するということに求められ,「緊急の危害が及ぶおそれがあると認められる場合」は,「要請の有無にかかわらず,警察官職務執行法第5条,6条に従って,犯罪の予防のために必要な警告,制止の措置(その前提として,住居等への立ち入りが必要な場合には,住居等への立ち入りを含む)をとること」とされている(2000年3月13日警察庁生活安全局長・警察庁長官官房「困りごと相談業務の強化に係る実施要領について」)。
11) 警察庁『平成14年の犯罪情勢』の「第1 刑法犯の現況 2 重要犯罪 (6)配偶者による暴力事件」中の図表1-20による。
12) 警察庁『平成14年版警察白書』(2002年)68頁以下参照。
13) 浜井・前掲注4)論文71頁。
14) この被害感情・意識の高まりの基礎に新自由主義による人間関係の変容が存在することについては,生田勝義「法意識の変化と刑法の変容」国際公共政策研究6巻2号(2002年)49頁以下の論証,および生田勝義『行為原理と刑事違法論』(信山社,2002年)15頁以下の「序論 世紀転換期の刑法現象と刑事違法論の課題」を参照のこと。
15) 90年代の米国では,犯罪が顕著に減少したのに,厳罰主義のせいで刑務所人口が激増した。その犯罪減少をもたらした最大の要因は,厳罰主義ではなく,90年代米国における景気回復と雇用の改善であったといわれている。これに関する優れた実証的研究として,Alfred Blumstein and Joel Wallman (ed.), *The Crime Drop in America*, Cambridge University Press, 2000.
16) 警察庁は,2002年度より3カ年計画で警察官を1万人増員中であったが,これでは足りないということから,2004年度からさらに今後3年を目途に約1万人の増員が必要であるとし,2004年度は,全国規模で4500人の増員を要求している(2003年8月)。
17) この点については,ルドルフ・ジュリアーニ/楡井浩一訳『リーダーシップ』(講談社,2003年)9頁以下の「はじめに」および393頁以下の「付録 改革前と後」が必読である。ジュリアーニの犯罪対策を参考にしようとする人には特に薦めたい。

■ **第3章**

刑罰の一般的抑止力と刑法理論
―― 批判的一考察

I は じ め に

　世紀転換期は刑法においても激動の時代となっている。激しい競争を上から組織されバラバラにされかねない国民の中には，不安に駆られ，自らの安全を刑罰権力による庇護にゆだねようとする意識傾向が強まりつつある。その状況は刑罰依存症候群といってもよいであろう。

　そこにおける厳罰化や処罰範囲の拡大は，厳しい被害感情や報復感情に基づく要請に応えるという理由で遂行される面もあるが，他方では，刑法には犯罪を一般的に抑止する力があるという思いからなされる面のあることも無視できない。後者では，刑法の一般的抑止力が当然の前提にされているように見える。

　しかし，はたして刑法には，そこで期待されるほどの犯罪抑止力があるのであろうか。抑止力があるとしても，それはほんの限られたものであるにすぎないのではないか。あるいは，限られた特定の条件下でのみ抑止効をもつにすぎないのではないか。

　最近，部分的ながらその疑問に答えてくれるような統計資料を見つけることができた。1つは，最近の交通事犯厳罰化立法とその運用の実態に関する統計資料であり，警察庁のホームページで公表されたものである。もう1つが，刑法211条業務上過失致死傷罪の刑の上限を3年の禁錮から5年の懲役に引き上

63

げた昭和43（1968）年刑法一部改正が当該犯罪抑止に役立ったのかどうか，また昭和46（1971）年以降の当該犯罪減少の要因は何であったのかを知るうえで貴重な統計資料を提供してくれている『昭和48年版警察白書』である。後者は，きわめて重要かつ有益であるにもかかわらず，最近は忘れ去られているかのような状況にあるので[2]，改めて紹介する価値があろう。

　それらを利用しながら，刑事立法がどのような抑止効果をもったか，あるいはもちうるのか，さらには犯罪が減少するのはいかなる要因によるのか，という問題を分析・考察してみたい。

　この問題の解明はまた，刑法のあり方，犯罪論のあり方を考えるうえでも大いに役立つことになろう。

II　危険運転致死傷罪立法の効果について

　刑罰威嚇や警察監視がどの程度犯罪を抑止する力をもつのか。この問題を考えるうえで，重要で興味深いデータがある。それは危険運転致死傷罪立法と飲酒運転等を重罰化した立法の施行後の状況に関する統計データである。

1　危険運転致死傷罪の特徴

　危険運転致死傷罪（刑法208条の2）は，東名高速道路での飲酒運転トラックによる追突死傷事故被害者遺族などによる重罰化要求に端を発した危険運転事故重罰化世論に応えるという理由で立法された（平成13年12月5日法律138号，平成13年12月25日施行）。立法理由にそれによりこの種事案を抑止・予防するという目的が掲げられなかったという特徴がある[3]。立案当局者も，この立法により被害感情に応えることはできても，犯罪抑止効があるとは考えることができなかったのであろう。危険運転致死傷罪は，危険運転といういわば故意挙動犯としての危険性・悪質さとそれにより生じた死傷という結果の重大性ゆえに最高15年の懲役刑に処することができるようにするものであった（その後の刑法一部

改正によりさらに懲役20年に引き上げ)。これは一種の結果的加重犯として構成されたものであるといってよい。懲役15年（現在20年）の刑にふさわしい犯罪類型にするためには結果的加重犯構成にせざるをえなかったのであろう。

しかし，その犯罪の実体は無謀（recklessness）による致死傷である。日本の刑法の罪種としては，重大な過失による致死傷である。それは過失犯の一種であるにすぎない。過去の経験からしても，過失犯を重罰化することでそれを抑止・予防することがいかに難しいことかわかっていた。

2 業務上過失致死傷罪法定刑引き上げの効果

たとえば，モータリゼーションが急速に進展し道路交通事故が急増する中で，それへの対策として業務上過失致死傷罪の法定刑を3年以下の禁錮から5年以下の懲役・禁錮に引き上げた刑法の一部改正法（昭和43年5月21日法律61号，昭和43年6月10日施行）による経験である。

その重罰化立法にもかかわらず，同年，翌年および翌々年にいたるまで業務上過失致死傷罪の急増は続いた。減少に転じたのはやっと昭和46（1971）年になってからであった。減少に転じた理由を当時の警察白書は次のように整理している。「この減少要因としては，交通安全施設の整備充実，交通指導取締りの強化，運転者管理体制の整備，国民各層の交通安全に対する理解と努力などがあげられる[4]」と。刑法の一部改正という鳴り物入りの重罰化であったが，その効果はほとんどなかったというわけである。

3 交通事故が昭和46年以降減少した理由

交通事故予防効果は，刑罰以外の諸施策，たとえば信号機の設置とか，白バイ，パトカーなどによる機動警ら活動密度の強化などによって生じたものである。これらのことが，その警察白書により具体的データを用いて実証されている[5]。

まず，『昭和48年版警察白書』240頁の「図6-3」を見ると，第1に，昭和40年代前半における交通事故の激増ぶりと昭和46年以降の減少ぶりがわかる。

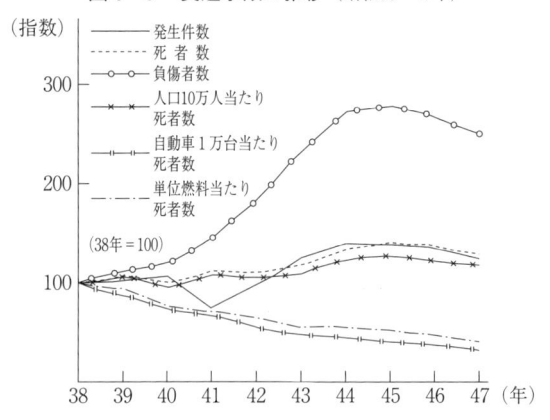

図6-3 交通事故の推移（昭和38〜47年）

注）1 件数については、昭和40年までは物損事故を含み、昭和41年からは人身事故のみの件数である。
    2 「単位燃料当たり死者数」とは、自動車燃料消費量1,000キロリットル当たりの死者数をいう。

第2に、「自動車1万台当たり死者数」や「単位燃料当たり死者数」が一貫して減少傾向にあったことからは、交通事故激増の主たる要因が自動車交通量の激増に道路事情の整備が追いついていなかったことにあることがわかる。まさに「戦後我が国の交通事故が激増してきた大きな原因のひとつとして、歩道、自転車道の整備や信号機、道路標識、道路標示などの交通安全施設の整備が著しく立ち遅れていたことがあげられる」（『昭和48年版警察白書』267頁）わけである。

その弱点を克服するために、交通安全施設等整備事業に関する緊急措置法に基づく第1次（昭和41〜43年）、第2次（昭和44〜46年）の交通安全施設等整備事業三箇年計画が作成され、さらに、「交通安全対策基本法に基づく交通安全基本計画が作成されたこととも関連して、昭和46年4月、第2次三箇年計画を中途改訂し、新たに昭和46年度を初年度とする五箇年計画を作成し、事業規模を大幅に拡大して、……推進すること」（同白書267頁）とされた。その事業規模は、都道府県公安委員会分だけでも、第2次三箇年計画に比べ「事業費で単年

表 6-24　交通安全施設の効果

		実施箇所数(基)	設置・改良前			設置・改良後			事故減少率						1箇所(基)当たり年間事故減少数		
			件数	死者数	負傷者数	件数	死者数	負傷者数	件数	減少率(%)	死者数	減少率(%)	負傷者数	減少率(%)	件数	死者数	負傷者数
歩行者事故	信号機の設置	2,421	1,611	55	1,675	687	9	711	924	57	46	84	964	58	0.763	0.038	0.796
	全赤及び歩行者用燈器増設	254	233	7	240	117	2	121	116	50	5	71	119	50	0.913	0.039	0.937
	信号機の系統化	221	893	23	926	690	14	709	203	23	9	39	217	23	1.837	0.081	1.964
車両事故	信号機の設置	2,421	4,868	53	6,154	3,242	20	4,107	1,626	33	33	62	2,047	33	1.343	0.027	1.691
	全赤及び歩行者用燈器増設	496	2,470	17	3,049	1,674	12	2,118	796	32	5	29	931	31	3.210	0.020	3.754
	信号機の系統化	221	5,109	38	6,347	4,489	22	5,589	620	12	16	42	758	12	5.611	0.145	6.860

注）　1　この表は，昭和45年1月から同年12月までに信号機を設置又は改良したものについての全国都道府県警察の調査に基づくものである。
　　　2　事故調査期間は，設置又は改良の前後それぞれ原則として6箇月である。

度当たり約3.7倍に増額」したものであった（同白書267頁参照）。

　それらの整備事業によりなされた信号機の設置・改良が交通事故減少にどのように影響したかを窺うことのできるデータがある。それは昭和45年1月から同年12月までに信号機を設置又は改良したものにつき全国都道府県警察の調査に基づき作成された「表6-24」（同白書272頁）である。「信号機の設置」により，歩行者事故が，件数で57％，死者数で84％，負傷者数で58％，それぞれ減少し，車両事故についても，件数で33％，死者数で62％，負傷者数で33％，それぞれ減少していることがわかる。

　また，交通管制センターの設置も走行時間の短縮や交通事故の減少などの効果を上げたとされている。北九州市の交通管制センターの例が示されている。「表6-29」（同白書276頁）によると，管制区域外では微減あるいは増加であるのに，管制区域内では，発生件数で35％，死者数で80％，負傷者数では27％の減少となっている。まさに「著しい減少」（同白書275頁）である。

　さらに，交通指導取締りの事故抑止効果についてのデータもある。「白バイ，パトカーなどの機動警ら活動の事故抑止効果については，図6-14のとおりの実証データが出ている」とされ，「機動警ら密度を8から16へと2倍に高めると，事故率は，300から200へと約30％減となって」おり，また，「検挙（告知）

表6-29 交通管制センターの運用による交通事故減少効果

		運用開始前	運用開始後	効	果
発生件数	管制区域内	415	268	△ 147	(△ 35%)
	管制区域外	1,274	1,226	△ 48	(△ 3.8)
死者数	管制区域内	5	1	△ 4	(△ 80)
	管制区域外	13	17	4	(30)
負傷者数	管制区域内	430	313	△ 117	(△ 27)
	管制区域外	1,647	1,621	△ 26	(△ 1.6)

注) 1 調査機関は，運用開始前が昭和46年4～5月で，運用開始後が昭和47年4～5月である。
2 福岡県警察調べ。

図6-14 警ら密度と事故率の関係

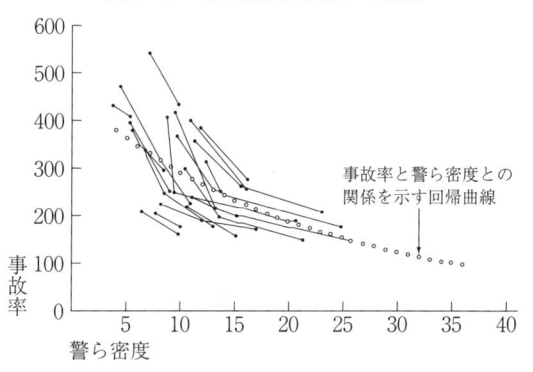

事故率と警ら密度との関係を示す回帰曲線

事故率

警ら密度

注) 1 このグラフは，東京，愛知，岐阜，島根，秋田，山口各都県の特定道路（21路線）における昭和44～46年の警ら密度と事故率を算定して図示したものである。
2 警ら密度とは，その路線における機動警らの疎密を示す数値であり，$\dfrac{1日の警ら回数}{\sqrt{\dfrac{1日の交通量}{10,000}}}$で計算した。
3 事故率とは，その路線における交通事故発生比率を示す数値であり，$\dfrac{年間の交通事故件数}{年間の走行台キロ} \times 1億$で計算した。
4 事故率 (y) と警ら密度 (x) との関係を示す回帰曲線として，$y = Ax^B$（A，Bは定数）をとり，最小二乗法で定数を求めると，$y = 881.6 x^{-0.518}$となる。

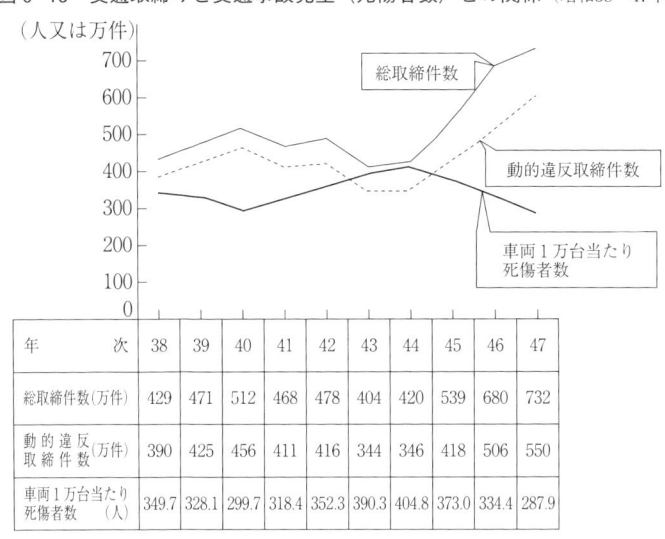

図6-15 交通取締りと交通事故発生（死傷者数）との関係 （昭和38～47年）

(人又は万件)

年　　　　次	38	39	40	41	42	43	44	45	46	47
総取締件数(万件)	429	471	512	468	478	404	420	539	680	732
動的違反取締件数(万件)	390	425	456	411	416	344	346	418	506	550
車両1万台当たり死傷者数　(人)	349.7	328.1	299.7	318.4	352.3	390.3	404.8	373.0	334.4	287.9

注) 1　総取締件数は，告知又は送致したものの合計である。
　　2　動的違反取締件数は，総取締件数から駐停車違反取締件数を差し引いたものである。

件数と交通事故発生状況とを対比すると，図6-15のようになり，マクロ的には，検挙（告知）件数が多いときは交通事故が少ないという関係を読み取ることができる」（同白書285頁）とされている。

最後に，「交通警察の基本目標とその施策の方向」のところで示されたまとめも重要である。すなわち，「交通事故が減少している地域は，地域住民の交通安全意識が高く，歩道，信号機などの交通安全施設が整備され，かつ，交通秩序を確保するための警察官などの街頭監視力が高い大都県であり，他方，交通事故が増加している地域は，モータリゼーションが急速に進展しているのに対し，これらの交通安全対策の基盤がいまだ十分に整備されていない地方の県である」（同白書314頁）。住民の意識，施設の整備および警察官などの「街頭監視力」が三位一体として示されている。

第3章　刑罰の一般的抑止力と刑法理論　　69

4 危険運転致死傷罪立法に抑止効果はあったか

　危険運転致死傷罪立法の犯罪抑止力がほとんどなかったことも，警察庁がまとめた統計データで実証されている。

　危険運転致死傷罪は平成13 (2001) 年12月5日公布・同年12月25日施行であったことから，その効果は遅くとも平成14 (2002) 年1月から生じるはずである。ところが交通事故による死者数の推移を見ると，平成13年1月から5月の死者数が3346名となっており，減少率が前年同時期比で6.1％減であったのに対し，肝心の平成14年1月から5月の死者数は3320名，前年同時期比0.8％減であるにすぎなかった。

　ところが，平成14年6月から12月の時期には，5006名で前年同時期比7.3％の減少になり，平成15年1月から5月では2933名，前年同時期比11.7％減，同年6月から12月は4769名，前年同時期比4.7％減になる。この死者数の主な減少要因としては「飲酒運転の厳罰化等悪質・危険運転者対策を柱の一つとして平成14年6月に施行された改正道路交通法令の効果を挙げることができる」[6]とされている。危険運転致死傷罪の抑止効果は，言及するまでもないほどのものであったということである。

Ⅲ　道交法改正による飲酒運転厳罰化の抑止効果

1 酒気帯び運転について

　上記した警察庁交通局のまとめで指摘されているように，飲酒運転を重罰化する改正道路交通法令[7]は酒気帯び運転についてはその街頭取締りの徹底と相まってかなりの効果を上げた。

　同改正は平成13年6月公布され，翌年の平成14年6月1日から施行された。その実施状況を警察庁「飲酒運転の取締り状況等について」(平成15年2月28日警察庁ホームページ掲載) から見てみよう。

　まず，呼気1リットル中0.25mg以上の酒気帯び運転を見ると，改正法施行

〈別表1〉 平成14年中における飲酒運転の取締件数

(電算統計)	平成14年中	前　年　比	うち6～12月【改正法施行後】	前年同期比
酒酔い運転	2,339	－3.6％	1,515	－0.6％
	(前年 2,427)	－88	(前年同期 1,524)	－9
酒気帯び運転	20万9,515	－4.7％	13万2,422	－4.7％
	(前年 21万9,874)	－10,359	(前年同期 13万8,936)	－6,514
0.25mg以上	14万3,695	－34.6％	6万6,602	－52.1％
	(前年 21万9,874)	－76,179	(前年同期 13万8,936)	－72,334
0.15mg以上 0.25mg未満	6万5,820		6万5,820	
	(前年は処罰対象外)		(前年は処罰対象外)	
合　計	21万1,854	－4.7％	13万3,937	－4.6％
	(前年 22万2,301)	－10,447	(前年同期 14万0,460)	－6,523

注） 1　実際に飲酒運転をしていなくても，飲酒運転の教唆・幇助に当たる行為をした場合には，飲酒運転の共犯として刑事責任を問われることがあります。
　　2　飲酒運転の教唆・幇助とは，飲酒運転車両への同乗如何を問わず，飲酒運転をそそのかしたり，飲酒運転を行うことを認識しながら車両を貸したり，酒類を提供する行為等です。

後の平成14年6月から12月では，その取締件数が6万6602件（前年同期13万8936件）となり前年同期比で52.1％の減少であった（別表1参照）。法規制の水準が同じであれば，街頭取締りを強化すると取締件数が増加することになるのが通常であろう。ところが今回は，街頭取締りを強化することによって取締件数が大幅に減少している。これは，飲酒運転そのものが大幅に減少したことを意味する。規制強化により「居酒屋で閑古鳥が鳴いた」との巷の話は，統計データによっても裏付けられたわけである。

また，同時期の飲酒交通人身事故の発生件数は，1万0853件（前年同期1万4861件）となり前年同期比で27％の減少であった。飲酒運転による死亡事故

〈別表２〉 改正法施行後（平成14年６〜12月）における飲酒交通事故の発生件数

（原付・自動車が第一当事者）		H14.6-12月	H13.6-12月	減少数	減少率
人 身 事 故		53万5,392	55万3,236	-17,844	-3.2%
	うち飲酒運転	１万0,853	１万4,861	-4,008	-27.0%
	構 成 率*	2.0%	2.7%		
死 亡 事 故		4,403	4,778	-375	-7.8%
	うち飲酒運転	522	712	-190	-26.7%
	構 成 率*	11.9%	14.9%		

＊「構成率」は，人身（死亡）事故件数（原付・自動車が第一当事者）に占める飲酒運転の割合です。
注）１　飲酒運転は，死亡事故等の重大事故につながりやすい危険な運転行為です。
・飲酒ありの人身事故件数*に占める死亡事故の割合　4.9％
・飲酒なしの人身事故件数*に占める死亡事故の割合　0.7％
（＊平成14年中に発生した原付・自動車が第一当事者のもの）
２　飲酒運転により人身事故を起こした場合には，危険運転致死傷罪（平成13年12月25日施行）が適用されることがあります。
（刑法第二百八条の二　第一項前段）
※アルコール又は薬物の影響により正常な運転が困難な状態で四輪以上の自動車を走行させ，よって，人を負傷させた者は十年以下の懲役に処し，人を死亡させた者は一年以上の有期懲役に処する。

は，522件（前年同期712件）で前年同期比26.7％の減少である（別表２参照）。飲酒運転の減少が飲酒運転による事故をも減少させたといえよう。

② 酒酔い運転について

　もっとも，注意を要するのは，酒酔い運転の状況である。これは，平成14年６月から12月では，1515件（前年同期1524件）で前年同期比0.6％しか減少しなかった。また，平成15年中６月末までの1069件に対し，平成16年中６月末までの1070件とここでも減少していない[8]。これは，酒気帯び程度であれば刑罰威嚇や取締りが即効的に抑止効果をもつが，酔払いにまでなるとそれらは少なくと

も即効的な抑止効果をもちえないということであろう。[9]

Ⅳ　若干の理論的帰結

　以上から少なくとも次のことがいえるように思われる。
　第1に，公道における飲酒運転のように取締機関による直接の監視が可能であり，しかも違反があれば容易に検挙できるもの（この点で飲酒運転はスピード違反と異なる）であって，行為者もそのことを認識・自覚している場合には，それらの状況が維持される限りにおいてではあるが，刑罰威嚇も抑止力をもつということである。もっとも，この点については次のことに留意しておく必要がある。まず，確実な取締りが可能であり，かつ現にそれを実施することが必要だということである。これは，前述したように，昭和46（1971）年以降における交通事故減少の1要因として「交通指導取締り」の強度が挙げられていたことによっても裏付けられる。次に，刑罰威嚇は自由刑である必要はないということである。一般庶民にとっては30万円を3人分で90万円というレベルでも絶大な効果がある。今次道路交通法令改正に対する一般庶民の受け止め方を見ると，酒気帯び運転につき懲役刑が3月から1年に引き上げられたことより，罰金が5万円から30万円に引き上げられたことのほうが大きな抑止効果をもったといってよい。一般庶民は，懲役刑はめったに科されることはないが，罰金刑なら確実に科される，と受け止めたわけである。以上の限りでのみ刑罰威嚇には抑止力があるといえる。
　ところが，第2に，自分は大丈夫だと考えて危険行為に出る者とか，監視や取締りを掻い潜ることができると考えて行為に出る者に対して厳罰化はほとんど抑止効果をもたないということである。それは罰金刑についてもいえる。刑罰による威嚇は他律的なものにならざるをえない。そもそも規範意識の希薄な者や規範意識が鈍磨した者に対しては，刑罰威嚇の強化は，それが他律的であることから，それによってほぼ確実に処罰されるという客観的状況とそのこと

についての本人の認識・自覚がない限り，抑止効果をほとんどもたない。さらにいえば，処罰覚悟の者や自殺覚悟の者には刑罰威嚇も監視カメラも抑止力になりえない。また，警察力には限界があるから，重点取締りによって一時的に抑止できていた分野でも，監視と統制が弱まれば，元の木阿弥になってしまう。

したがって，過失犯にとどまらず故意犯であっても，取締機関による直接の監視と統制が及ばない場所と時間に行われるものについては，厳罰化しても，それはほとんど抑止効果をもたないということである。過失犯については刑罰威嚇がほとんど抑止効果をもたないと考える人でも，故意犯は別で，それには刑罰威嚇の抑止効がかなりあると信じていることが多い。しかし，それは思い込みであるにすぎないといわざるをえない。

故意犯に対しても刑罰威嚇の抑止効がきわめて限定的なものであるとすると，「凶悪・重大犯罪」厳罰化をはじめとする最近の重罰化刑法改正は，犯罪抑止効果をほとんどもたないものといわざるをえない。それは国民の単なる処罰感情に応えるにすぎないものであり，選挙民の歓心を買うための象徴立法にすぎないといっても過言ではない。犯罪が減少するとすれば，それは厳罰化以外の要因によるものと考えざるをえないのである。

規範意識の強化には任意の関係での社会的な運動と本人の納得が必要であるというべきであろう。「地域住民の交通安全意識」が1971年以降の交通事故減少の1要因として重要であったように，住民の自発的な取組みによる内発的な規範意識の涵養が不可欠だということである。

V　一般予防刑論と法益保護思想——刑罰論と犯罪論の関係

1　一般予防刑論の問題性

刑罰論には周知のように，応報刑論か予防刑（目的刑）論かという対立があり，予防刑論にはまた一般予防刑論か特別予防刑論かという対立がある。最近ではさらに，一般予防につき消極的一般予防と積極的一般予防を区別し，後者

を重視する見解も有力になっている。

　それらは，法的効果としての刑罰に関する理論であるが，法律要件としての犯罪に関する理論のあり方とも密接に関係させられることがある。このことは，古くからたとえば，（後期）旧派の応報刑論と行為刑法理論ないし客観主義刑法理論との結びつき，また新派の予防刑（目的刑）論と行為者刑法理論ないし主観主義刑法理論との結びつきによって，知られてきたところである。

　もっとも，前期旧派のように予防刑論でありながら行為刑法理論ないし客観主義刑法理論と結びついたものもある。このことからいえるのは，予防刑論においても法的効果としての刑罰権をいかなる法的要件（犯罪成立要件）の下に認めるのかという問題に対する対応の仕方によって，その犯罪論との結びつき方が異なってくるということである。これは結局のところ，国家における刑法の役割り，その法的性質に関する見解の違いが刑罰論と犯罪論の結びつきとその内容を規定するということであろう。

　ところで今日，刑法の役割り，機能について，刑法による法益保護機能を重視する見解，つまり法益保護思想が有力である。この思想は，刑法に犯罪の一般予防効果があることを前提にする。

　一般予防効果としてまず考えられるのは，刑罰により一般人を威嚇しそれにより一般人をして犯罪に出ないようにする，つまり犯罪の一般抑止効である。これは消極的一般予防といわれる。

　けれども，消極的一般予防効果がはたしてどの程度あるのかという点についてはいまだ科学的に証明されたわけではない。そのこともあってドイツでは積極的一般予防論による刑罰正当化論が有力になったといわれる。

　積極的一般予防論は，犯罪を処罰することにより善良な市民の抱く規範意識を満足させ，維持・強化することに刑罰の正当化根拠を求める。確かに，処罰が人々の規範意識を満足させるという事実は証明可能である。

　しかしながら，善良な市民の規範意識はその内容の是非を問わずに正当化根拠とするに値するものであろうか。「意識」は観念的で流動的である。また，「善良な市民」とは何か。「善良」という基準で，単なる道徳や倫理と法とり

わけ刑法との限界を明確に引くことができるのか。むしろ曖昧にしてしまうのではないか。さらに,「善良な市民」ないし「法仲間」とそうでない市民は「敵味方」の関係に立たされることにならないか。

　このようにして,消極,積極のいずれであっても,一般予防論には問題が多く残されているといわざるをえない。

2 一般予防刑論と「法益保護の原則」

　一般予防論には問題が多く残されているにもかかわらず,刑法による犯罪抑止効,一般予防効果を前提にする犯罪論（刑法解釈論）も多くある。

　刑法総論に関するところでは,回顧的責任論に対する展望的責任論がつとに有名であるが,最近では因果関係論や違法論などにおける事前的判断基準論を刑法による一般予防効果によって根拠づける見解も有力になっている。

　刑法各論でも,たとえば,利欲犯であることをより重い刑罰による威嚇,それによる抑止が必要であること（つまり重罰）の根拠にする見解が挙げられる。たとえば,①盗品等に関する罪で有償譲受罪や周旋罪が無償譲受罪に比べはるかに重罰に処せられる理由をそのような利欲犯に対しては重罰による抑止が必要であることに求める見解。②窃盗罪と毀棄罪は同じように他人の所有権を侵害する犯罪であるにもかかわらず刑法は窃盗罪の刑の上限を懲役10年,器物損壊罪の刑の上限を懲役3年として3倍以上もの差を設けている主たる理由を,領得は利欲目的でなされることが多いため,それを抑止するにはより重い刑罰が必要であることに求める見解,などである。

　それらは,刑法の一般予防効果を前提にした見解であるが,さらに刑法の役割り論・法的性質論としての法益保護思想と結びつくものもある。この結合形態になると,法益保護のために,一般予防効果をもつ刑法を積極的に利用,活用しようとする傾向が出てくる。「法益保護の原則」は本来,倫理・道徳と刑法の守備範囲とを明確に区別しようとして主張されたものであるが,「法益保護」という言葉の曖昧さを残したまま一般予防刑論と結びつくことによって,事前的予防主義に対する抵抗力を失ってしまうわけである。法益侵害原則と法

益保護原則は，言葉の独り歩きを考慮すると，まったくの別物というべきなのである。[12]

Ⅵ 刑事立法による規範意識の形成という見解の登場

インターネット異性紹介事業を利用して援助交際を誘引した児童をも処罰する法律[13]が制定された。これは，パターナリスティックに児童を保護するというにとどまらず，児童の性的な規範意識の形成・確立を目的にして，被害者であるはずの児童までを処罰するものである。児童買春・児童ポルノ処罰法では買春の相手になった児童は不可罰とされている。それに対し，この児童誘引規制法は，買春の誘引をしただけの児童を罰金刑の対象にするという点で法体系上の整合性に問題を抱えているのだが，それ以上に重要な問題は，刑事立法により規範意識の形成を強制するという政策が法認されたという点にある。

1 推進論の根拠

この法案を準備した警察庁の「少年有害環境対策研究会」が作成した「いわゆる『出会い系サイト』の法的規制の在り方について」(平成14年12月)によると，この立法の趣意は次の点に求められている。

「金銭等を渡したり，もらったりすることを条件とした交際の勧誘の禁止」の理由として，「さらに，金銭等によって児童との交際ができるという考えは，児童を金銭で買える『モノ』，又は児童が自らを金銭で売れる「モノ」としてとらえる『児童の商品化』の風潮の蔓延につながり，このことは『出会い系サイト』において，児童の『性』の商品化の風潮，児童を性欲の対象ととらえる風潮を助長させ，児童の規範意識の低下を招いて，児童の健全な育成を阻害することになると考えられるのではないでしょうか。」。また，「児童による行為についても禁止」の理由として「女子児童

からの勧誘が事件のきっかけとなっているものが198件（93.8％）となっています。」ということに続き，「(2) 児童買春をはじめとする児童被害に関連する重大な犯罪が『出会い系サイト』を利用して行われていることから，児童の犯罪被害の防止のために，インターネット社会において一定のルールを定めることが重要であり，大人も児童も等しくインターネットを使うものである以上，大人と児童を区別せず，そのルールの遵守を求めることが必要なのではないでしょうか。また，児童からの勧誘も禁止することにより，児童の自覚を促すとともに，保護者等による指導もきちんと行われるようになるのではないでしょうか。」，「(3) さらに，女子児童の勧誘を禁止せず，女子児童の勧誘に対する男性（大人）の返信メールを禁止することも考えられますが，男性（大人）の返信メールの内容は外部の者から知ることができないことから，事後的な対応しかできず，児童の犯罪被害を未然に防止するという観点からは不十分ではないでしょうか。」）とされた。

また，国会における法案審議では156回国会衆議院「青少年問題に関する特別委員会」において提案当局者から (1) 政府参考人である警察庁生活安全局長瀬川勝久氏と (2) 谷垣禎一国務大臣（国家公安委員会委員長）による説明がなされた。

(1) 「今回，この六条で規定しておりますのは，出会い系サイトにおいて不正誘引，児童との性交等を伴う交際の誘引や対償を伴う異性交際の誘引でございますが，こういった不正誘引がはんらんをしている，そのことにより児童の性の商品化の風潮が蔓延をしている，そのことから児童が凶悪犯罪を含む多様な犯罪の被害に結果として遭ってしまうようなことになってしまった，こういう状況に着目をいたしまして，この不正誘引を禁止しようとしたわけでございます。」「この法律は，インターネット異性紹介事業の利用に関しまして，とにかく不正誘引をなくそう，不正誘引をしてはならないという必要最小限度のルールを定立いたします。行為者がだれであ

ろうと，また，行為の形態がみずからの誘引であろうと，周旋であろうと，インターネットを利用する児童一般に有害で悪質な行為と不正誘引を性格づけといいますか，とらえまして，罰則をもってそれを禁止しようというものであります。」

(2)「大人だから害悪性が強い，子供だから害悪性が少ないというわけではないんだろうと思います。インターネットの匿名性ということもありますが，こういうインターネットという新しい技術を利用して不正誘引を行っていくこと自体が，子供の安全というか，健全な成長というか，そういうものに非常に害悪があるし，性の商品化というものにもあしき道筋を開いているのではないかと私は考えるに至りまして，児童に対してもきちっと規範を示す。」　　同特別委員会議事録第4号（平成15年5月7日（水曜日））

さらに，参考人前田雅英（東京都立大学法学部教授）氏は次のように述べている。

「少年の規範の喪失の問題，逸脱の問題というのは非常に危機的である。」「ここ最近の動きが著しい中で，非常に形式的な，被害者なき犯罪は処罰すべきでないというような議論が意味を持つのかということなんですね。」「単に買う側の大人のみを処罰すればうまくコントロールできるかというと，その段階は過ぎている。」「世界的なレベルで前提としていた少女の売春のありようと，日本の援助交際といいますか，買春のありようというのは質的に異なる。それに対して，やはり日本の現状にあった法規制というものを考えていかなければいけないというふうに考えております。」「危険性の段階で一定の規制をかけるということ，これにも合理性があるという方向に動いてきていると思います。」「最近のDVとかストーカーとか，いろいろな立法がそうなんですが，従来の基準からいくと，非常に問題があると言われてきたものです。……私は，結果的にそういう問題は起こってはこなかったというふうに評価しているのです。」「やはり，ここまで問題が生じている児童の危険な状況というのをとめるには，大人の処罰だけで

はなくて，みずから書き込む女子高校生なんかに関しても一定のサンクションがあるということで規範を示す。刑法理論の中で，処罰することによって国民に規範を定着させていく。専門の言い方ですと，一般的積極予防の理論という言い方をするんですが，そういう考え方，規範を形成していくという考え方も十分成り立ち得る。それを選択するかどうかは，やはり国民であり，国会の場で御判断いただきたい。」

同上議事録第5号（平成15年5月8日（木曜日））

2 推進論に対する批判

　以上の推進論が，「これは，商業的性的搾取の被害児童に対して非懲罰的アプローチを取るという『第1回子どもの商業的性的搾取に反対する世界会議』（ストックホルム会議）の『宣言』及び『行動アジェンダ』の原則，又，その精神に則って立法され，買春者側の責任を確立した児童買春・児童ポルノ禁止法の趣旨に反するものである。『出会い系サイト』対策とは言え，このような措置を導入することは，児童買春・児童ポルノ禁止法の運用，そして将来の改正に対してネガティブな影響を及ぼす恐れがある[14]」との批判を受けるのは当然のことである。

　また，坪井節子参考人（日本弁護士連合会子どもの権利委員会委員）の次の発言は，問題解決の方向を示すものとして重要である。すなわち，「生育歴における子どもが，人間として尊重されてこなかった歴史を抱えてきた子どもたち……子どもたちが持っている，人間，特に大人に対する絶大なる不信感……を取り除くために，人間，そんなに捨てたものじゃない，君はそんなに自分を卑下することはないのよ，生きていていいんだよという，本当に基本的な信頼感，そこをどうやってその子どもとパイプをもう一度持てるか，そこが本当に支援のかぎだというふうに思っております」（同議事録第5号）と。

　さらに，刑事立法が，本当に必要だが手間のかかる施策を棚上げするための逃げ口上に使われることがままあることからすると，肥田美代子委員（民主党）の次の発言も重要である。すなわち，「法案の目的が，児童買春その他の犯罪

から児童を保護し，児童の健全な育成に資することになるといっております
ね。それで，家庭や保護者の責任まで盛り込むのであれば，担当が警察庁とい
うのはちょっと変だなという感じが私はするんですけれども，この法案の主管
は青少年対策全体の調整を行う内閣府ではなくて警察庁になったのはなぜ
か」。また，平成14年10月21日の青少年育成推進会議（内閣府の事務次官が主宰
をし，局長クラスの17名のメンバーからなる）には代理出席が18名のうち14名との
山本信一郎政府参考人（内閣府政策統括官）の説明，同じく，昨年この会議が1
回開かれたとの説明を受け，「大変な問題が起きている中で，たった1回とい
うのは私はちょっと変だなとおもいますが」（同議事録第4号）と。

Ⅶ　おわりに

　以上検討したように，刑法による犯罪の一般的抑止効はきわめて限られたも
のであるといわざるをえない。それにもかかわらず，犯罪や逸脱行動の事前予
防を刑法に頼ろうとする傾向がますます強まろうとしている。刑法解釈論を中
心とする刑法理論にも刑法による一般予防効果やそれを前提とする法益保護思
想に立論の基礎を求めるものが多く見られる。
　最近では，社会生活の「ルール」や「規範」という観念的で道徳や倫理と区
別がつかないものを刑罰威嚇によって確立しようとする法律まで制定されるに
いたっている。そこでは必然的に「意識」の改変がめざされることになる。社
会侵害性の回復・防止は立法の遠い目的であるにすぎなくされる。意思刑法ど
ころか，意識の悪さを処罰する「意識刑法」とでもいうべきものが，刑罰依存
症候群が広がる中で成長しようとしている。
　これまでも，刑法の第一次的任務を社会倫理秩序の維持に求める人的不法論
や行為無価値論が存在した。けれども，日本の行為無価値論は一般的に刑法の
侵害行為原則は認めてきた。また，積極的一般予防論も本来は社会の中に存在
する規範意識を満足させることをとらえたものであって，積極的に新たな規範

意識の形成をめざしたものではない。確かに，行為無価値論にしても，積極的一般予防論にしても，意思刑法や意識刑法への動きに利用されかねないという弱点をはらんでいることは否定できない。しかしながら，意識刑法への動きはやはりまったく新たなものというべきであろう。意識刑法は警察法や倫理との融合を進めることになる。刑法原則は棚上げされながら，刑法だから許されてきた強大な強制権力はますます肥大する。

　刑法の一般的抑止効への安易な信頼・依存は，刑法依存症候群を蔓延させてしまいかねない。刑法の役割りや機能についての冷静で丁寧な分析・検討[15]が重要になっている。本稿がそのための一助となれば幸いである。

［注］
1) ここには，厳しい被害感情に伴う，同じ被害を繰り返させたくないとの利他的思いに見られる厳罰による威嚇力への期待も含まれる。
2) 日本刑法学会第82回大会における共同研究分科会Ⅲの報告をとりまとめた「特集　交通犯罪」の「序論」（三井誠）（刑法雑誌44巻3号（2005年）395頁以下）でも，累次の『犯罪白書』の特集には言及しているものの，本警察白書には触れられていない。本警察白書では「第6章　交通安全と警察活動」という形で扱うのみで，「特集」にしていなかったことが，そのことに影響しているのかもしれない。
3) この改正規定の問題点を的確に分析・批判したものとして，高山佳奈子「交通犯罪と刑法改正」刑法雑誌44巻3号（2005年）398頁以下参照。なお，交通事故の防止という観点を欠いた立法は「刑法における『法益保護の原則』に反するおそれがある」（同上402頁）とされる点について，これは論理的には一貫しているが，法益保護原則の位置づけについては後述するように，なお検討が必要であろう。また，この改正規定につきその適用実態を含め総合的に検討した共同研究をまとめたものとして，交通法科学研究会編『危険運転致死傷罪の総合的研究――重罰化立法の検証』（日本評論社，2005年）が貴重である。
4) 『昭和48年版警察白書』（1973年10月20日発行）240頁。
5) 前掲注4)『白書』234頁以下の「第6章　交通安全と警察活動」参照。
6) 警察庁交通局「平成15年中の交通死亡事故の特徴及び道路交通法違反取締状況について」（平成16年1月29日）3頁。
7) これにより，酒酔い運転については，刑罰が「2年以下の懲役又は10万円以下の罰金」から「3年以下の懲役又は50万円以下の罰金」に，また，行政処分が15点（免許の取消）から25点（免許の取消）に，引き上げられ，また，酒気帯び運転については，アルコール基準が呼気1リットル中0.25mg以上から0.15mg以上に引き下げられるとともに，

刑罰が「3月以下の懲役又は5万円以下の罰金」から「1年以下の懲役又は30万円以下の罰金」に。また、行政処分が0.25mg以上で6点（免許の停止）から13点（免許の停止）、0.15mg以上0.25mg未満で点数なしから6点（免許の停止）に引き上げられた。
8）　警察庁交通局「平成16年上半期の交通死亡事故の特徴及び道路交通法違反取締状況について」（平成16年7月22日）28頁参照。
9）　ただし、平成16年中6月末までの1070件に対し、平成17年中6月末は829件と22.5％の減少となっている（警察庁交通局「平成17年上半期の交通事故の特徴及び道路交通法違反取締状況について」（平成17年7月21日）30頁参照）。この減少要因が何であるかについてはなお検証が必要である。
10）　監視カメラの犯罪抑止効果に関する研究として参考になるのが、Brandon C. Welsh and David P. Farrington, Crime prevention effects of closed circuit television: a systematic review, Home Office Research Study 252, August 2002. これは、USAと英国の関係する先行研究46件から厳格な方法論的基準で22件を選び、分析したもの。その結論は、「全体として、現在最良の証拠からすると、CCTVは少しだけ（to a small degree）犯罪を減少させることがわかる。CCTVがもっと効果的なのは駐車場での自動車犯罪に対してであるが、公共輸送機関や町の中心部における犯罪に対してはほとんど効果がないかまったくない」というものであった。2005年7月7日のロンドン自爆テロを監視カメラ王国といわれる英国ですら防止ないし抑止できなかった。容疑者4人がそろって堂々と監視カメラに収まるという事態は深刻である。
11）　判例にも、その理由につき、「犯人の意図が物の効用の享受に向けられる行為は誘惑が多く、より強い抑止的制裁を必要とする点に求めるのが最も適当であることを考えると、不法領得の意思とは、正当な権限を有する者として振舞う意思だけでは足りず、そのほかに、最小限度、財物から生ずる何らかの効用を享受する意思を必要とすると解すべきである。」（東京地判昭和62年10月6日判例時報1259号137頁）とするものがある。しかし、両者の違いはむしろ、物をごっそり盗られてしまうか、それとも壊されたとはいえ物そのものは手元に残るかの違いにあるというべきであろう。
12）　この問題については、生田勝義『行為原理と刑事違法論』（信山社、2002年）の「序論」参照のこと。
13）　インターネット異性紹介事業を利用して児童を誘引する行為の規制等に関する法律（平成15年6月13日法律83号）。
14）　「いわゆる『出会い系サイト』の法的規制の在り方について」に関するECPAT／ストップ子ども買春の会の見解と提案（2003年1月20日パブリックコメント募集へ応答として提出）（http://www.ecpatstop.org/ecpatstop whats new 207-03. html, visited 2003/09/09）。
15）　この点に関する筆者なりの序論的考察が生田・前掲注12）書である。

第4章

組織犯罪と刑法

I　はじめに

　世紀転換期は激動の時代となった。刑事法もこの激動の渦に巻きこまれつつある。ここでは，市民の安全と安心を保障するためには自由保障のための近代的な刑事法原則が犠牲にされても当然だという議論が大っぴらになされ，しかもその方向での立法化が進んでいる。このことにより，国家刑罰権が急速に拡大・強化されつつある。さらに注意すべきなのは，それとともに，あるいはそれ以上に，警察権が拡大・強化していることである。

　あたかも熱病に浮かされたごとく社会の多くの分野でそれぞれの抱える困難を国家刑罰権や警察権に依存して解決してもらおうとする規範意識が市民権を得つつある。現在，支配的な国家政策の主流は新自由主義を基礎にしたものであり，そこでは規制緩和論とか事後規制論が特徴をなすといわれるのであるが，刑事法や警察の領域においては正反対の議論，つまり規制強化論とか事前規制論が前面に出てきている。

　このような国家刑罰権の急速な拡大・強化を推進する理由の1つとされるのが組織犯罪取締りにおける国際協調の必要性ということである。経済の「グローバリゼーション」が進行するにつれ，非合法取引により高収益を上げようとする者たちはますます国境を越える非合法取引に向かうことになった。非合法取引の規模を大きくするためには，それを組織的に行うことが必要になる。

非合法取引をめぐるトラブルは合法的解決によることができないことから，それを解決するための実力・暴力の行使がそれに随伴する。非合法取引のための犯罪組織は，ますます国境を越えるネット・ワークをもつものになっていく。

米国政府は，1980年代から，薬物に対する闘いを「戦争」として位置づけるようになった。薬物犯罪は国家の安全保障にかかわる問題であるとされたわけである。その延長線上に国際組織犯罪対策が構築されていく。そこでは，犯罪取締りには維持される刑事法の諸原則が「戦争の論理」によって棚上げされていく。この異常さを指摘し，刑事法原則を堅持せよという理性の声は，全体としての厳罰主義の流れに飲み込まれるかのような状況にある。

このような状況下では，組織犯罪に対する刑事規制を検討するにあたっても，全体としての刑事法の動向の中にそれを位置づけ，検討しておくことが必要であろう。

II　国際協調による組織犯罪対策立法の特徴

80年代以降における情報化・国際化の急速な進展は，世紀転換期において日本の刑法にも重要な影響を及ぼすにいたった。

1 日本の立法動向と解釈原理

世紀転換期には組織犯罪対策のための刑事立法が日本においても国際協調という名の下に推進されるようになる。1991年にはいわゆる暴対法（「暴力団員による不当な行為の防止等に関する法律」平成3年5月15日法律77号）と麻薬特例法（「国際的な協力の下に規制薬物に係る不正行為を助長する行為等の防止を図るための麻薬及び向精神薬取締法等の特例等に関する法律」平成3年10月5日法律94号）が制定された。前者の暴対法は日本では破壊活動防止法以来成功してこなかった団体規制法を不十分ながらやっと実現したものである。この背景には，日米経済協議の中で要求された市場開放，不公正な取引慣行の是正にとり，総会屋の規

制と並び表（おもて）経済に食い込んでいる暴力団への規制が必要とされたこ
と，国際協調による組織犯罪対策の強化があったといってよい。それに対
し，麻薬特例法の主旋律は国際協調であった。この流れの一応の仕上げが，
1999年制定のいわゆる組織犯罪処罰法（「組織的な犯罪の処罰及び犯罪収益の規制
等に関する法律」平成11年8月18日法律136号）およびいわゆる盗聴法（「犯罪捜査の
ための通信傍受に関する法律」平成11年8月18日法律137号）である。

　ここで注意する必要があるのは，第1に，それらは依然として組織犯罪行為
の処罰法であって，犯罪組織の危険性そのものを根拠に処罰する法，つまり団
体処罰法や結社処罰法そのものではないということである。第2は，団体処罰
法ではないが，組織的であることが犯罪性の加重要件とされ，またそのことが
様々な特別の規制手法を正統化していることによって，そこには個人行為責任
原理を骨抜きにしていく要因が含まれているということである。日本では戦
前，時の天皇制政府にとっての「危険思想」や「危険思想団体」を治安維持法
などの治安立法の規制対象にすることによって弾圧した。戦後，そのことへの
反省に立ってそれらの治安立法が廃止され，刑法は基本的に個人行為責任原理
に立つものに再編された。上記組織犯罪処罰法は，そのような戦後刑法の基本
的規範構造に打ち込まれたくさびであるが，基本的規範構造を質的に改変した
ものではないというべきである。したがって，個人行為責任原理は依然として
現行刑法の法原理であり，現行刑法の適用にあたっては解釈原理として妥当す
べきものなのである。

2 国際組織犯罪防止条約がはらむ問題

　ところで，世紀転換期立法の推進理由とされた国際協調は，米国主導で進め
られた薬物対策に出発点と実体があるといってよい。80年代に米国のレーガン
政権は薬物が中南米の反米ゲリラ組織等の資金源になっているとして，それと
の闘いを「薬物に対する戦争」，つまり国家の安全保障にかかわる問題である
と位置づけた。「薬物に対する戦争」はレトリックでなく，米国は実際に南米
コロンビアのゲリラ基地に軍事攻撃を行った。また，薬物を扱う組織を壊滅さ

せるにはその資金源となっている犯罪収益への規制が必要だとされ，マネーロンダリングの規制が登場する。この米国による「薬物との戦争」は国際会議等を通じて薬物・テロ・組織犯罪に対する国際的取組みへと発展し，各国の刑事法制にも大きな影響を及ぼすことになる[2]。

　1998年12月には，国連総会において，本体条約である国際組織犯罪防止条約に加え，人身取引，密入国，銃器に関する各議定書の起草のためのアドホック委員会設置が決定され，2000年11月15日には，本体条約と人身取引，密入国に関する議定書，2001年5月31日には，銃器に関する議定書が，国連総会にて採択されるにいたる。日本は2000年12月に本体条約，2002年12月9日に3つの議定書に署名した。その本体条約には，越境組織犯罪についてではあるが，犯罪目的結社罪あるいは独立共謀罪といった侵害行為原理からすると重大な問題をはらむ規定が含まれている。それを国内法化するために国会に上程された法案は，威力業務妨害罪など600を超える罪種で「組織的な」犯罪の「共謀」の独立処罰規定を「越境性」要件なしに新設しようとするものになっていた。これが立法されれば，戦前の天皇制治安立法に対する反省に立って構築された戦後刑法，つまり個人行為責任原理に立つ刑法規範構造は大きく変容させられることになってしまう。刑罰権の濫用に対する歯止め，刑罰権の濫用に対する自由保障装置が，市民の安全と安心を保護するためという理由で，大きく後退させられるということである。

　それにもかかわらず，国家の安全保障として取り組まれるテロや薬物犯罪に対する〈戦い〉が，それらの防止に役立っているか，つまり有効なのか，という点については定かでない。犯罪組織の資金源を絶つという目的で推進されているマネーロンダリング規制については，違法なマネーロンダリングと通常の銀行取引とを見分けることがきわめて難しいことからもわかるように，鳴り物入りで準備されたわりには実効性がない，との評価のほうが当たっているように思われる[3]。テロや薬物に対しても他の犯罪と同様，多面的な，地道で粘り強い取組みこそが必要なのだというべきであろう。UNGASS-98において国連薬物統制・犯罪防止局（ODCCP）が提案した南米のアンデス山脈における違法薬

物対策についての次のような評価に耳を傾けるべきように思われる。すなわち，「違法薬物産業の関係者は処罰を必要とする社会的逸脱者であると単純に考えるような『法と秩序』アプローチに基づくだけの反薬物政策は，決して『薬物問題』を解決しないであろう。なぜなら，そのような政策は，違法薬物の生産，取引及び消費の複合的諸原因を認識していないからである。UNGASS-98の5年後，アンデス諸国が容易に抜けられそうにない泥沼に陥っていることは驚くに当たらない」[4]と。

最近，国際機関を中心に推進されている組織犯罪対策の基本的な問題性は，本来犯罪対策としてなされるべき問題を安全保障という軍事問題のレベルで処理しようとした結果，刑事法に不可欠な自由保障原則が様々な部分で骨抜きにされてしまっていることにある。国家の安全保障のためには個人の人権や自由が制約されても当然だ，あるいはやむをえないという論理である。国家の安全保障にかかわる非常事態なのに，個人の人権を云々することは不見識だとして反対意見を押さえ込む。非常事態でもないのに非常事態であるかのように世論を煽り，強権的措置を可能にする法律を制定することで世論を安心させ，政治的支持を確保する。ポピュリズムの問題性が顕在化した一例であるといってよい。

3 組織犯罪処罰法の法益

日本ではさすがに，組織犯罪を安全保障の問題だとは正面きって位置づけることはできなかった。1999年に制定された現行の組織犯罪処罰法では，組織的な犯罪が「平穏かつ健全な社会生活を害し」，犯罪収益を用いた事業活動への干渉が「健全な経済活動に重大な悪影響を与えている」ことに立法趣旨が求められている。ここでの保護客体は，「平穏かつ健全な社会生活」や「健全な経済活動」という一般的・抽象的法益であるにすぎない。けれども逆に，その程度の法益なのであれば，第一次法としての行政法や経済法のレベルで処すべき課題であるにすぎないというべきだろう。あたかも組織的な犯罪が重大犯罪であるかのようにいいながら，組織的であることの実体はその程度のものとし

てしかとらえられていない。生命・身体・財産という具体的な法益との関係では，きわめて希薄で遠い危険しかないのである。

4 室内盗聴への指向

それにもかかわらず，盗聴法では通信の秘密という基本的人権が危うくされるばかりか，「犯罪行為前の捜査」まで部分的に可能となってしまう制度がつくられた。また，国連国際組織犯罪防止条約を受け，現行の組織犯罪処罰法の改正法案として国会に上程された法案では，上述したように独立共謀罪が新設されようとしている。ここでも日本国内には独立共謀罪を必要とするような「立法事実」はないといわれている。戦前の治安維持法などへの反省から，戦後の日本では，結社罪に関する立法は行われてこなかった。今回もこの線は維持されているが，組織的であることが危険視されていることに変わりはない。

この立法を認めれば，次にくるのが，警察による電気通信の盗聴にとどまらず，室内の盗聴まで法認せよとの要求であろう。それなくしては，実効性のない立法になってしまうからである。けれども，そのような実効性を確保しようとすればするほど，諸外国の経験からも明らかなように人権保障と衝突せざるをえなくなってしまう。人権保障と両立させようとすれば，実務においては「使いにくい」ものにならざるをえないのである。ドイツは，捜査手段として室内盗聴を法認した。その効果に関する実証的研究によっても同様のことが指摘されている。実務において実効性があるということは，人権が広範に侵害されているという事態の裏返しであるというべきであろう。組織犯罪対策法や盗聴法が治安立法だといわれるゆえんである。

5 「テロリズムに対する戦争」

2001年9月11日の世界貿易センタービル等に対するテロリズムを契機に，またもや米国発の「テロリズムに対する戦争」が始まった。ブッシュ政権は，これを「テロリストに対する戦争」と位置づけ，テロリストの支援者であると考えたアフガニスタン国内のタリバン勢力掃討のための武力行使に踏み切った。

さらにイラクに対しては，国連の決議なしに明らかな先制攻撃に踏み切った。この事件を契機に「新しい21世紀型の戦争」を唱える評論家までいる。日本では，2000年10月のアーミテージ（ブッシュ政権の前国務副長官）報告を受け，集団的自衛権問題や有事立法・秘密保護法問題が野党の一部をも巻き込んで議事日程にのぼりつつあったのだが，9・11のテロを契機にテロ対策を理由に加えて勢いを増しつつある。

　けれども，テロリズムが犯罪であって戦争でないことには今も昔も変わりはない。戦争によってテロリズムを防止したり，克服することはできない。いやむしろ悪化させるだけだというべきであろう。9・11後，今日に至るも，出口の見えない，アフガニスタンやイラクの混迷はそのことを如実に示している。9月11日が世界史的な転機になったとすれば，それは，①無辜の市民を平気で巻き添えにする無差別テロリズムが「人類に対する犯罪」であること，および②この種の犯罪を裁くには国民国家を超えた公平な国際的司法機関が必要になってきていること，を多くの人に認識させた点にある。

6　ネオコンの自由観

　テロリズムを克服するための闘い（Struggle）を戦争（War）と位置づけたことは，2つの点で重大な問題であった。第1に，戦争となれば戦争当事者はそれぞれが正義を主張できるということである。結果として，テロリストの側にも彼らなりに正義があることを認めることになってしまう。それにもかかわらず戦争に打って出たのは，力が正義であり，勝ったほうが正義だというネオコン（新保守主義）流の観念があったからであろう。しかし，これは，裸の力と力のぶつかり合いを肯定することであり，報復が報復，憎悪が憎悪を生む論理であるにすぎない。それは，テロリズム克服のための国際協調を困難にするにとどまらず，事態を泥沼化させるものであるといわざるをえない。第2は，犯罪としてのテロリズムに対する市民刑法のあり方への影響である。自由保障のための刑事司法原則が戦争の論理に引きずられて緩和ないし放棄されてしまうことになる。

ネオコンの自由観はホッブス流の「万人に対する万人の戦争状態」である自然状態の自由を賛美するものであるが，近代市民法における人権としての自由はそのような弱肉強食の自由を克服したものであった。万人対万人の戦争状態を終わらせ，自由や権利を守るために自由の一部を拠出し合って社会契約を結び，社会とその管理機構としての政府をつくる。このような社会の中においては，自由という人権は「他人を害しない限りですべてをなすことができることにある」ということになる。この自由を保障するために社会や政府，国家があるのだから，他人を害することはもはや自由でないとともに，他人を害しない行為を法は禁止できない。これが自由主義の本来のあり方である。さらにある行為を犯罪にするには，社会を侵害する行為が必要であるとされた。これを行為原理という。それに対し，ネオコンの自由観からは，犯罪も自由ということになる。犯罪を国家が処罰できるのは，国家の力のほうが強いからにほかならないのであって，勝者に正義があるとされる。ここでは，普遍的な人権という観念は無視される。刑事法に関する自由保障原則も無視されることになる。

III　組織犯罪対策と近代刑法原則

1　マネー・ロンダリング規制——国民監視・統制への動き

　組織犯罪対策立法においては，近代刑事法原則が大きく変容させられるおそれがある。組織犯罪という問題の立て方自体がまず，個人行為責任原則の変容を迫るものだからである。結社の自由が人権カタログに登場したのは，19世紀の半ばになってからである。結社の自由の保障とともに徐々に克服されてきた「徒党」の処罰が姿を変えて再登場しようとしている。組織犯罪論の基礎には結社や組織を危険視する思想があるので，他害行為原理に照らすと犯罪にできない行為をも犯罪にしてしまうおそれがある。マネー・ロンダリング規制におけるように，通常の取引行為と見分けのつけにくい行為まで犯罪にすることは，国民の日常行為を警察が監視できるシステムを構築することや，国民個々

人にも犯罪に関する情報の申告義務を負わせることに連動する。自由が骨抜きにされ，作為義務とその違反に対する刑罰法規（不作為犯）が拡大する。自由という人権からの帰結であった作為犯原則が後退し，自由を制限する犯罪である不作為犯が原則になりかねない。

　犯罪組織の資金源を絶つという理由で推進されているマネー・ロンダリング規制は，広範な国民監視・統制への道を拓きつつあるというべきであろう。1998年のバーミンガム・サミットにおいて各国に設置することが合意された金融情報機関（Financial Intelligence Unit）は，金融機関等による「疑わしい取引に関する届出」を犯罪捜査に有効に活用するために情報を一元的に集約・分析する機関であるが，日本では2005年11月，それを金融庁から警察庁に移すことが決定された。また，「(2006年6月には，)顧客等の本人確認，取引記録の保存及び疑わしい取引の届出義務の制度を国家公安委員会・警察庁が主管し，また，従来の金融機関等に加え，宝石・貴金属商，不動産業，弁護士・公認会計士その他の法律・会計の職業的専門家等にも当該義務を課す方向で検討を進める事などを内容とする『犯罪収益流通防止法案（仮称）の考え方』及び『犯罪収益流通防止法案（仮称）の概要』が，国際組織犯罪等・国際テロ対策推進本部において決定され，犯罪対策閣僚会議に報告された」とあるように，国民監視・統制への動きはとどまるところを知らないかのごときである。「疑わしい取引」にとどまらず，「顧客の本人確認」や「取引記録の保存」までを警察が主管するというのである。弁護士までゲイト・キーパーにして届出義務を課することに対しては，すでに弁護士の守秘義務との関係で問題があるとの批判が有力になされているのだが，問題はそれにとどまらずきわめて重大であるといわざるをえない。

　ちなみに，現行制度にて警察庁が金融庁から情報提供を受けた件数は，2000年で5329件，2003年で3万90件，2005年で6万6812件となっている（『警察白書平成18年版』147頁）。それに対し，マネー・ロンダリング事犯検挙件数は，それぞれ5件，56件，107件であるにすぎない（同146頁）。また，組織犯罪処罰法が犯罪収益規制の主眼とした「犯罪収益による経営支配」の検挙件数は2000年以

降2005年の間をとっても、検察によるものが1件あるのみで警察によるものはゼロである[7]。立法の実効欠損がここでも見られるのだが、そのために払われる自由の代償としてはあまりにも少なすぎるのではなかろうか。

2 刑事法の行政法化

　組織犯罪対策立法は事前的予防的規制法としての性格を色濃くもつことから、刑事法と行政法との境界が曖昧にされる。むしろ刑事法の行政法化というべき事態が進行する。しかも、「犯罪行為前の捜査」を認めることは司法警察と行政警察の融合を認めることになろう。これは、行政警察作用であるにすぎないところに、犯罪捜査であるがゆえに認められている強大な司法警察権限を付与することにほかならない。ここにも前近代への先祖がえりを許すのかという問題がある。

　資本主義社会である「市民社会」は、ヘーゲルがその『法哲学綱要』で述べたように、所有の自由を基礎にした欲望の体系であり、偶然の支配する不安定社会である。それは、市民法の抽象的理念像とは異なり、不断に警察規則を拡大・強化することによってしかコントロールできない社会である。その後の資本主義社会と資本主義法の展開は、ヘーゲルが喝破していたとおりに進行してきた。

　もっとも当然のことながら、現代には19世紀初頭のヘーゲルの時代と異なっている面もある。それは、警察規則の拡大・強化にとどまらず、市民法である刑法そのものが再び警察規則化しつつあるということである。このような刑法の危機を刑法から秩序違反法を分離することにより克服しようとする試みもあった。たとえば、ドイツにおける秩序違反法の制定が典型であるが、日本においても道路交通法違反に対する反則金制度の導入はその代表例である。20世紀末以降の特徴は、秩序違反法の拡大が続くとともに、本来なら警察規則で対処すべき逸脱現象を刑法上の犯罪として格上げする傾向が強まったことにある。

　刑法の警察規則化は、警察規則の守備範囲に刑法が乗り出すということであ

る。これはしかし，刑法の適用には厳格な司法手続きが必要となることから，機能麻痺に陥ることは目に見えている。一罰百戒の狙い撃ち規制にならざるをえない。そこで，「いざというときのための権限確保だ」という理由づけが登場する。しかしながら，このような警察裁量の拡大は権限の恣意的行使，不平等扱いによる人権侵害を生じさせるおそれがあるということに加え，警察の腐敗を呼び寄せることにも注意する必要がある。他方において，司法手続きによる機能麻痺は，司法手続きの緩和，司法手続きの警察手続化により解決しようとする衝動を不断に生じさせることになる。組織犯罪対策で使われる通信傍受という名の盗聴では，犯罪が行われる前の捜査をも一部認めることになっている。組織犯罪に対しては行政盗聴を認めよという議論まで出始めたといわれる。まさに，基本的人権の保障を再確認することが必要になっている。

3 「敵味方刑法」

今日の新しい刑法現象の特徴を，敵味方刑法（Feindstrafrecht）としてとらえる見解がある。社会に敵対する者に容赦なく反撃するという刑法である。社会に敵対する者は社会の外にある者であり，同じ市民としての扱いを受けない。米国の愛国者法はこの典型であるが，組織犯罪対策立法には多かれ少なかれ敵味方刑法的な側面があるといえよう。

帝国主義や植民地主義は，近代市民革命によって高らかに「人及び市民の権利」が謳いあげられたその後に地球上を席巻した。それらは，近代人権宣言の市民概念がもつ狭隘さ，市民社会思想の弱点・限界の現れである。今日の敵味方刑法の論理も，外部者に対する戦争の論理であり，排他性・排外主義を特徴とする。

しかし，市民刑法は行為原理に立つものであった。行為は社会に敵対するものであっても，行為者は人としてその権利を保障される。罪刑法定主義は有罪判決を受ける前の市民にとどまらず，有罪判決を受けた犯罪者にも保障されるものであった。行為原理は，思想や人格の危険性でもって犯罪にされることはないこと，つまり思想や信条の自由，人格の自由を保障するものだった。

最近の支配的な動きが伝統的な市民刑法の限界を超え出ていることは明らかであろう。今日，刑法の事前的予防主義化は，万が一生じるかもしれない重大な危険に事前に備えるという意味で安全保障的な刑法へと傾斜しているといえるのではなかろうか。市民刑法の装いにおける「平時の有事化」である。

Ⅳ 刑事規制強化論と新自由主義

1 規制緩和の実態

現在，国際組織犯罪に対してだけでなく，様々な社会問題の解決を刑法に頼ろうとする厳罰主義が，現実の刑事政策・治安政策に大きな影響を及ぼしつつある。それは，被害者保護論と新自由主義政策が生み出す非寛容・排除の意識とが絡み合いながら形成されたものであるといってよい[8]。

新自由主義は，イデオロギーとしては自己決定・自己責任の人間像を基礎にして国家による経済社会への規制を緩和し，自由競争による秩序形成に期待する。そして競争のルール違反が起こったときに国家が乗り出し規制する，つまり事後的に規制するという形をとるといわれる。国家の役割は軍事・治安機能に特化されるのが望ましいとされる。

しかし，その実態はどうかというと，経済活性化への国家による関与が引き続き強化される。企業活動に対する種々の優遇措置，つまり租税政策や補助金政策，通貨・為替管理などが引き続き強力になされている。国家機能の後退は社会福祉などの社会政策の面においてであるにすぎないといっても過言ではない。

2 厳罰主義の源泉としての新自由主義

そのような新自由主義による政策は，国家の役割として特化された軍事・治安機能を不断に拡大・強化しようとする衝動を生み出さざるをえない。なぜなら，その市場原理がはらむ「弱肉強食」を当然としてしまいかねない論理は，

連帯や包容・寛容より敵対と排除・非寛容・厳罰主義への，つまり強権的秩序維持への願望・期待を必然的に生み出すからである。今日の厳罰主義の主たる源泉はそこにある。

また，新自由主義政策が醸成する「自己責任」強調意識は，その裏返しとしての不安感の増大と相まって，厳罰主義への傾斜を強めている。上から競争を組織され，孤立させられる中で，連帯や寛容の精神が後退し，「異分子」排除の意識が，一部で排外意識と絡み合いながら，醸成されようとしている。この中で，特に90年代後半以降，国民の「安全」を超えて「安心」や「安全感」までを警察や刑法によって保護しようとする動きが強まっている。それは，警察による「困りごと相談」体制の強化，ストーカー防止法や各地における迷惑防止条例の改正，落書処罰条例の制定などに典型的に現れているのだが，組織犯罪対策強化の理由ともされているのである。

今日，厳罰主義的規範意識が強まりつつある理由を「現代社会の高度化・複雑化」やそれに伴う「不安感」に求める見解とか，「危険社会」論に立って不安感を説明する見解とかが，有力である。けれども，社会の高度化・複雑化ということの内実は分業と協同の関係の深化にあるのだから，基本的に相互に信頼し合う連帯的社会関係が構築できれば，今日のように深刻な不安感は出てこないはずである。また，「危険社会」というけれども，すでに指摘されているように，依然として人類は地震や暴風雨，疫病等といった自然の脅威（それらは「新しい社会的危険」と勝るとも劣らない危険である）から解放されたわけではないが，昔に比べれば安全になっている。

社会の高度化・複雑化や危険社会論というような一般論で今日の厳罰意識を説明しようとするのは，いまだ皮相であるといわざるをえない。そのような不安感が社会的に醸成され，厳罰主義に結晶していく背景には，新自由主義政策により作り出された社会関係とそこから醸成された規範意識があるというべきなのである。

V おわりに——今後の課題

1 刑事立法でのグローカリゼーションの必要性

　90年代は，ME技術革新に支えられた情報化とそれを基底的推進力として急速に展開する国際化・グローバリゼーションが犯罪政策や刑事立法に直接大きく影響し始めた時期である。とりわけ1994年のナポリ・サミット以降は，サミットや国際会議で犯罪に対する基本政策を決定し，国際条約にまとめあげ，枠組みを決めたうえで各国の議会に国内法の整備を迫るという手法が幅を利かすようになってきた。内閣・政府主導の外圧を利用した立法であるといってよい。必ずしも国民の必要性から出発したものではないので，国会での審議がどうしても形式的になりがちである。けれども，刑法に関し国際条約で提起される内容は往々にして，人権や民主主義にとり大きな問題をはらむことがある。条約の元になる基本政策や条約の原案作成に直接関与するのは各国政府より派遣された人たちであり，どうしても法執行機関側の意向が反映しやすくなる。[9] 国際刑事裁判所条約についても問題になった点であるが，国内法の長い歴史の中で試行錯誤を繰り返しながら築き上げてきた法や正義の諸原則，人権保障原則が必ずしも踏まえられないことが多い。法に関する人類の叡智はこれまでのところ国内法においてより豊かに発展・蓄積してきた。しかも，刑事法については国ごとの法制度の違い，とりわけ，自由や民主主義・自治の発展度合い，警察権力の集中度合い，ボランティアの発展度合いなどの違いをも考慮して検討しないと，形は同じでも実際は大きく異なるということになりかねない。今の国際条約先行手法には人権や民主主義に照らし問題が多く，見直しが必要である。視野はグローバルに，だが実行はローカルに。これをグローカリゼーションというが，国際組織犯罪対策においてもそのような視点が重要になっている。

2 改めて刑事規制の限界を明らかにすること

　国際条約先行型で行われている刑事立法にしても，あるいは被害感情を根拠に進められている厳罰化立法にしても，その犯罪予防における有効性・実効性を検証する必要がある[10]。確かに後者では，犯罪予防効果でなく被害感情を満足させることができるかに立法根拠が求められている。しかし，感情は人によって異なるし，時々の状況に大きく影響されがちなものである。刑罰という制裁がもつ厳しさを鑑みると，罪刑の均衡については，社会的な規範意識を大きく離れることはできないが，悟性のレベルを超えて理性的に判断されるべきである。その際，犯罪予防効果の有無も考慮されるべきことはいうまでもない。ドイツでは，屋内盗聴を含む盗聴立法の有効性につき，ドイツ司法省から委託を受け，マックス・プランク外国・国際刑法研究所が実証的研究を行い，その成果が4巻本として公刊された[11]。日本でも，このような実証的研究による検証が必要である。

　その際，個別行為責任原則を無視した刑法は，その立法根拠となった規制目的を達成できず，実効的でないことを個々の立法ごとに論証・実証していくことが重要になっている[12]。刑事立法の犯罪予防効果を検討するにあたり注意すべき点は，①立法目的に照らしての予防効果が検証の対象とされるべきであり，また②立法後に対象行為・現象が減少したかがポイントであり，取締件数の増減とは一応区別されるべきだということである。取締件数は取締機関の取締意欲や態勢の強弱を反映するものであり，必ずしも立法そのものの予防効果ではないからである。取締件数が年を追うごとに増加するという事態はむしろその立法の予防効果に疑問を抱かせるものというべきであろう[13]。

　テロ，薬物，組織犯罪との闘いを国家社会の安全保障の問題であるとする見解は刑法の転回，すなわち ultima ratio から prima ratio への転回をもたらしかねない。刑法ドグマーティクの中にはわざわざ可罰的違法性論を否定して刑法の独自性を強調する刑法的違法性論を唱える流れがあるが，この刑法的違法性論は prima ratio 的刑法観に行き着きやすいことに注意する必要がある。刑法は民法や行政法の第一次規範を前提にし，それを担保するための第二次規範

である。刑法のこの基本性格を今後とも堅持することが重要になっている。

　安全保障的刑法観からは，国家・社会を防衛するために国民に様々な作為義務を課し，その義務違反を不作為犯として処罰するという法構造が基本になっていく。また，危険社会論をベースにした義務刑法観からは，刑法でも製造物責任を追及したり，英米法流の「絶対責任」を導入しがちである。今日では，個別問題での解釈論的帰結如何という小手先の議論でなく，侵害刑法の堅持か，それとも義務刑法への先祖がえりかという戦略的対抗軸を自覚した検討が決定的に重要になっている。

　さらに，人間の価値をその人が果たしている個々の社会的機能や役割で評価する機能主義的刑法観は，日本のように結果責任的発想の根強く残っている国では，責任原理や責任能力を軽視する傾向につながりやすい。「人は物や商品ではない」という意味での人間の尊厳性を刑法においても確立するという課題は，今後とも追求されなければならない。

　最後に，事前的予防主義的規制法としての刑法は，実態において法感情を基準にする規範主義的な弾力的刑法にならざるをえない。日々の社会生活で行われている通常の行為と客観的に見分けることのきわめて難しい行為が犯罪行為とされる例が増えつつある。しかも，その例の多くが予防効果の期待されない象徴的立法であるにすぎない。権力は濫用されがちだという教訓は今後とも大切にすべきである。9月11日テロ後の米国におけるイスラム系市民に対する警察による事情聴取は他山の石であろう。罪刑法定主義は立法批判の基準として再活性化される必要がある。

［注］
1) この間の事情について参考になるのが，Tom Farer (ed.), *Transnational crime in the Americas : an inter-American dialogue book*, Routledge, 1999.
2) ただし，薬物対策についても，米国流の政策にヨーロッパ諸国が一様に追随しているわけではない。むしろ独自の異なった動きのあることを指摘するのが，Elizabeth Joyce, Transnational criminal enterprise : The European perspective, in : Tom Farer (ed.), *Transnational crime in the Americas*, ibid., pp. 99.

3) この点につき興味深い分析をしているのが，宮澤浩一「マネーロンダリング（ドイツ語圏刑法の対応）」警察学論集49巻10号（1996年）105頁．
4) Francisco E. Thoumi, Illicit drugs in the Andes five years after UNGASS-98, Dina Siegel, Henk Van de Bund and Damián Zaitch (edited), *Global Organized Crime, Trends and Developments*, Kluwer Academic Publishers, 2003, p. 44.
5) Vgl. Claudia Dorsch, *Die Effizienz der Überwachung der Telekommunikation nach den §§ 100 a, 100 b StPO*, Duncker & Humbolt, Berlin, 2005.
6) 警察庁『警察白書平成18年版』（ぎょうせい，2006年）147頁．
7) 蝦名孝二・滝澤依子「犯罪組織に係る犯罪収益等対策の推進及び新たな捜査手法の活用について」警察学論集59巻3号（2006年）29頁参照．なお，法務省法務総合研究所編『犯罪白書平成17年版』（国立印刷局，2005年）16頁には，2003年にも検察庁新規受理人員として5人が記録されている．
8) この点についての分析・検討は，生田勝義「法意識の変化と刑法の変容」国際公共政策研究6巻2号（2000年）49頁以下および同『行為原理と刑事違法論』（信山社，2002年）15頁以下の「序論　世紀転換期の刑法現象と刑事違法論の課題」参照のこと．
9) この点については次の指摘も参考になる．「アメリカ，イギリス，フランス，日本，イタリアなどの先進諸国の法務，警察官僚は，明確に連合して，国連（テロ資金供与防止条約・越境組織犯罪防止条約），……FATF（マネーロンダリング対策のための40勧告の改訂）などの国際機関を舞台にしてこのような新たな国際的規制の枠組みを作っていった．その特徴は，市民の目に見えない裏舞台で，外交官と法務省・警察などの法執行官だけの手によって，新たな国際刑事立法が作られているところにある．ここには，人権擁護の立場に立つ国会議員や国際人権NGOなど条約によって人権を規制される側の市民の代表はいないのである」（海渡雄一「近時の組織犯罪対策立法の動向と共謀罪新設の持つ意味」法律時報78巻10号（2006年）21頁）．
10) 厳罰主義に乗っかる形で，象徴的立法や立法の実効欠損といわれる事態が進行している．たとえば，「組織的な犯罪の処罰及び犯罪収益の規制等に関する法律」（組織犯罪処罰法）（平成11年8月18日制定・同12年2月1日施行）が実際にどのような事件に適用されたか．『平成14年版犯罪白書』（18頁）には，検察庁新規受理人員につき表が掲げられている．総数が平成12（2000）年に26人，平成13年の95人で合計121人．その多くが「組織的な賭博場開帳等図利」で平成12年23人，平成13年61人の合計84人で併せて全体の64.2%を占めている．同法が主としてねらったといえる「不法収益等による法人等の事業支配」は平成12年の1人のみで，また「犯罪収益等の隠匿」や「収受」も合計で21人，全体の20%にとどまっている．強い反対を押し切り，鳴り物入りで立法した警察による「通信傍受」という名の盗聴についても，法務省の報告によると，2000年，2001年の2年間は0件で，2002年に2つの薬物取引事件について2件ずつ計4件の請求と令状の発付がなされたにすぎない．それでも，実施中の通話回数が計256回，そのうち「傍受すべき通信に該当する通信」が計61回．それゆえ，約76%の会話が犯罪と関係がないのに傍受されたことになる．

役に立たない治安立法で国富を消費するとか,本来の警察の責務でない福祉事業を警察にゆだねるとかではなく,国民の安全を保護するための刑事警察本来の仕事に集中できるようにすることが緊要の課題であるというべきであろう。

11) 前掲注5)の論文に加え, Albrecht, Hans-Joerg Dorshu, Claudia/ und Krüpe, Christiane, *Rechtswirklichkeit und Effizienz der Überwachung der Telekommunikation nach den §§ 100a, 100b StPO und andere verdeckter Ermittlungsmaßnahmen*, Freiburg, 2003. Krüpe-Gescher, Christiane, Die Überwachung der Telekommunikation nach den §§ 100a, 100b StPO in der Praxis, Freiburg, 2003. Meyer-Wieck, Hannes, *Der Große Lauschangriff, Eine empirische Untersuchung zu Anwendung und Folgen des § 100 c Abs. 1 Nr. 3 StPO*, Duncker & Humblot/Berlin, 2005.

12) そのような試みとして,生田勝義「刑罰の一般的抑止力と刑法理論――批判的一考察」立命館法学300・301号(2006年)24頁以下がある。

13) この問題に関係するのが,組織的犯罪処罰法違反の検察庁新規受理人員が2003年以降に急増している(犯罪収益等の隠匿・収受が前年の39人から113名に急増)とか,犯罪捜査のための「通信傍受」が2006年中は前年の5件から9件に増えたとかいう事実である。

■ 第5章

人身取引問題の新展開

Ⅰ 基本的視座──人間の尊厳と人権

　他人を奴隷にすることは許されない。そればかりか自分自身を奴隷にすることも許されない。人は自らの機能の一部である労働力を売ることはできても，自由の名の下に自らを奴隷にすることはできない（1793年のジロンド憲法草案における権利宣言20条参照）。自由を根こそぎ放棄することは自由という人権に含まれない。これが18世紀フランスにおける近代市民革命をささえた人間像である。

　人は自己目的として扱われるべきであって，もっぱら他の目的の手段とされてはならない。人は物ではない。このカントに代表される命題は，近代市民革命の人権宣言を踏まえた社会哲学である。

　人身取引は人間を物として商品化するものである。これは人間を奴隷として売買することであるといってよい。21世紀においても人身取引という名の奴隷制が残っている。ここに今日における人身取引問題の本質がある。

　人間は物ではない。商品として売買できる存在ではない。私は，このことが「人間の尊厳」の核心部分であると考えている。人間の尊厳は，国連憲章や世界人権宣言等において1940年代後半に確立された法理念である。人類は，20世紀前半期に世界大戦を2度にわたり経験した。人間の尊厳は，それによる惨害への反省に立って，改めて確認された人権であるといってよい。

奴隷が人間の尊厳に反することは明らかである。それとともに，人間の尊厳という理念は，奴隷に等しいと評価される人間状態のあり方を拡大することになる。1966年の「市民的及び政治的権利に関する国際規約」（自由権規約）は，奴隷制度や取引の禁止と並び，何人も「隷属状態に置かれない」とか「強制労働に服することを要求されない」と規定するにいたる（同8条）。

　人身取引は，そのような人権を侵害する行為である。それにもかかわらず人身取引が社会問題化するのは，法的に確認された権利がいまだ具体的に保障されていない人々がいるということである。日本国憲法の保障する基本的人権は，「人類の多年にわたる自由獲得の努力の成果」であり，「現在及び将来の国民に対し，侵すことのできない永久の権利として信託されたものである」とされる（憲法97条）。このように人権が抽象的に保障されるにいたるだけでも，多年にわたる努力が必要であった。人身取引の現状を見ると，人権を具体的に保障する取組みにはそれに勝るとも劣らぬ努力が必要なように思われる。

　人権の具体的保障ということになると，人身取引が経済の不均等発展や貧富の格差，その中で今なお残る絶対的ともいうべき貧困によるところが大きいことから，人権保障という点では社会権保障の課題としての側面が重要になる。まさに人間らしく社会的に生存する権利が問題解決にとり必要不可欠になるということである。

　ところで，そのような社会権を具体的に保障しようとすれば，人権の保障を阻害している社会のあり方そのものの変革にまで踏み込まざるをえなくなるように思われる。社会のあり方そのものに手をつけないで，直接の関係者に対する規制を強化するとか，精神主義的に規範意識の確立を求めるとか，あるいは帰国費用や生活保護費を支給するといった対症療法的な取組みだけでは，当面の救済にはなっても，問題の基本的解決にはつながらない。確かに，個々人にとっては一度きりの人生なのだから，当面の救済はそれとして重要である。けれども，これまでの刑事政策に関する知見から判断すると，それだけではやはり「もぐらたたき」に振り回されてしまうように思える。人身取引対策ではどうなのであろうか。

人身取引対策においても社会のあり方そのものの変革が必要だとすると，既得権益との衝突が不可避である。直接の加害者処罰とか被害者の慈善的救済とかのレベルでは政治的合意形成が進んでも，問題の根源に迫ろうとすると激しい抵抗やサボタージュにであってしまう。社会病理の病巣にまでメスを入れることには抵抗が大きいということである。

　「けしからぬ行為を犯罪とし処罰できるようにしたのだから，これで問題はあらかた解決するはずだ。それなのに何を今さら波風を立てるのか」。これが抵抗やサボタージュの論理である。この論理がこれまで世にまかり通ることができた最大の理由は，刑罰や刑法にあるとされる犯罪抑止力への「信仰」であるといってよい。もっとも，この信仰は，ジェンダーアプローチや人権を基礎にしたアプローチを唱える側にもある。人身取引問題に対する刑罰や刑法の抑止力は現実にはどうなっているのか。その射程はいかなるものなのか。日本におけるこの間の取組みを分析しておくことは，国際的にも有益であろう。

　人身取引問題についても，その闘いの主体が重要である。難しいことだが，やはり被害者ないし潜在的被害者が集団として運動の中心に座るようにならないと，問題の根本的解決にはつながらない。被害者のエンパワーメントはそのような主体形成を含むものになりうるのであろうか。また，被害者への支援活動が不可欠かつ重要であることはいうまでもない。NPOやNGOによる支援活動が日本でも重要な役割を果たしている。それらが日常の活動によってつかんだリアルな情報が政治をも動かしてきたし，これからもそうであろう。公的機関の活動もそれらとの連携があってはじめて生きたものとなるように思われる。

　本章は，以上の問題意識に立って，人身取引問題に対する日本の取組みの到達点と残された課題を整理しようとするものである。

Ⅱ　人身取引被害の現状

　人身取引については，具体的な被害者がいるはずである。けれども，加害者によってその支配下に置かれ，また，脅迫されたり，だまされたりして，その被害を訴えることができない。人身取引については，「被害者なき犯罪」ではないにもかかわらず，現状では暗数が多いというのが実情であろう。

　たとえば，『平成18年版警察白書』によると，2005年中の国際的な人身取引事犯の被害者は117人で，その「国籍は，インドネシア（44人），フィリピン（40人），タイ（21人）が多く，これらが全体の89.7%を占めた」とある。ところが他方では，コロンビア領事館のソーシャルワーカーから聴取した数字として，2005年1月から8月だけでも被害届は15件にのぼり，また同時期に摘発され強制送還された女性は79名で，およそ90%以上が背後に人身売買組織があって入国している，との紹介がある[1]。警察白書ではコロンビア人の被害者数はそれとして挙げられないほどのものであるにすぎない[2]。コロンビア領事館で出された被害届15件を上記した国籍別件数に加えるだけですでにゆうに117件を超えてしまう。

　このズレの理由は次のことから窺い知ることができよう。すなわち，領事館として日本警察にも協力を求めてきたが，「被害者が語る話はいつも証拠が足らず立件不可能とされる[3]」という事情である。

　ここから引き出すべき教訓は，刑事責任追及のための情報収集と今後の改善策を検討するとか被害者を救済するとかのための情報収集とでは，それぞれ別の収集基準を立てるべきだということである。前者では証拠がなければ事件情報とすることは差し控えるべきだが，後者では，申立てがあればまずもって被害情報として扱うべきである。人身取引対策に必要な情報を集めるためには後者のための体制整備が重要である。政府は，被害者が公的機関に保護を求める際のコンタクト・ポイントを警察（交番）としているようだが[4]，情報収集とい

う点からすると警察は前者の基準で活動すべきものであり，大きな限界を抱えている。

　この間の国際的な取組みの経験からも，「人身取引に対する闘いにおいてどのような戦略を展開するにも情報の収集が決定的に重要である[5]」といわれている。この課題に応えるためには，日本においても，警察とは別個の組織，たとえば人身取引被害者支援センターを設け，被害者支援の観点からする多面的で丁寧な情報収集に当たらせるべきであろう。このセンターは，①関係機関のコーディネーション，②被害者の認定，③被害者保護施設の運営，④回復と社会再統合のための施策の実施，⑤多言語による24時間緊急ホットラインの運営，に当たるものとして，被害者支援運動の経験を踏まえて提言されている[6]ものである。このような被害者支援に特化した組織をつくり，そこが専門的力量を蓄積し被害者からの口コミによる信頼を獲得していかなければ，重要な情報はいうまでもなく，必要な情報も収集できないというべきであろう。このような組織は，入国管理部門を抱える法務省ではなく，各省をまたがる総合調整が必要なことから内閣府所管の機関とすべきであろう[7]。

　「データの不足や信頼性のなさゆえに正確なマグニチュードを知ることはできないが，婦人や子どもの人身取引がグローバルな不正取引の主要な構成要素である[8]」ことは確かである。データの不足や信頼性のなさは日本でも似たりよったりであるといわざるをえない。けれども，顕在化した事件が相当数にのぼり，しかもそこから窺われる実態のひどさが明らかであるからには，問題の重大性，対策の重要性に変わりはないというべきである。

III　人身取引対策の現状

1　対策の概要

　現在日本でとられている対策の概要については，外務省がホームページで次のように要領よくまとめている。

日本の最近の人身取引対策（概要）　　　　　　　　平成19年5月

1．人身取引対策行動計画の策定（平成16年12月7日）
2．人身取引議定書の締結（平成17年6月8日に国会承認済み）
3．法律・省令の改正
　(1)刑法改正（人身売買罪の新設）（平成17年6月22日公布）
　(2)組織的な犯罪の処罰及び犯罪収益の規制等に関する法律の改正（平成17年6月22日公布）
　(3)風営法の改正（平成17年11月7日公布）
　(4)入管法の改正（平成17年6月22日公布）
　(5)旅券法の改正（平成17年6月10日公布）
　(6)法務省令（興行の審査厳格化）の改正（平成17年3月15日改正省令施行，平成18年6月1日改正省令施行）
4．防止
　(1)興行の在留資格審査の厳格化（平成17年3月15日改正省令施行，平成18年6月1日改正省令施行）
　(2)出入国審査の厳格化（プレクリアランスシステム，セカンダリー・インスペクション等）
　(3)国土交通省から旅行業界に対し，児童の性的搾取に加担しないよう通達
5．取締及び訴追
　(1)検挙件数 79件（平成16年），81件（平成17年），72件（平成18年）
　警察が認知した被害者数（77名（平成16年），117名（平成17年），58名（平成18年））
　(2)起訴数の増加（37名（平成15年）→48名（平成16年）→75名（平成17年））
　(3)人身売買罪による起訴（25件（施行日～平成19年4月末））
6．被害者の保護
　(1)公的シェルターでの保護数の増加（6名（平成15年度），24名（平成

16年度），112名（平成17年度），36名（平成18年度）
   (2)入管による在留特別許可件数（79件（平成17年～平成19年3月末））
   (3)民間NGOへの一時保護委託（平成17年4月以降，実施中）
   (4)国際移住機関（IOM）を通じた被害者の帰国支援（平成17年4月～平成19年5月末までで109名）
   (5)保護強化のための通達の発出（厚生労働省，警察庁，法務省）
7．広報
   (1)テレビ，ラジオ，新聞，雑誌等で広報
   (2)リーフレット（被害者用），ポスター（社会啓発用），「日本の人身取引対策」パンフレット作成
8．国際協力
   (1)政府協議調査団の派遣（フィリピン及びタイ（平成16年9月），コロンビア，米国（平成17年1月），ロシア，ウクライナ，ルーマニア，仏（平成17年7月），タイ，インドネシア（平成18年5月），ラオス，カンボジア（平成19年1月）
   (2)人身取引対策に関する日タイ共同タスクフォースの設立（平成18年5月）
   (3)無償資金協力や人間の安全保障基金で人身取引防止対策プロジェクトを支援
   (4)各種セミナーやコンタクト・ポイント会合等の開催
   （例）
   「人身取引問題に関する国際シンポジウム」（平成18年2月25日）
   「人身取引に関する国連関連機関調整会合」（平成18年9月26，27日）
   「第三回コンタクトポイントミーティング」（平成18年12月19日，於：東京）

2 その全体的特徴

以上の概要から見て取れるのは，加害者処罰等の規制面については法令の改

正を含め前進を見ているが，被害者に対する積極的支援策については基本的に行動計画を受けた行政裁量のレベルで対応しているということである。

人身売買罪の新設等，加害者処罰については「構成要件の整備はひとまず完了」としつつ，「証人・関係者等の保護対策のさらなる検討が必要」との評価が妥当であろう。[9]

けれども，被害者の保護・支援については，その法的地位の安定，被害者の認定，保護のための施策のすべてにおいて，また被害の防止のための施策についても，行政レベルでの一定の前進はあるものの，残された課題のほうが多いというのが実情であるといってよい。[10]

この点について，被害者支援活動を進めてきたグループからは，人身取引被害者支援法（仮称）とかの被害者保護・支援を含めた総合的な立法の必要性が提言されている。[11] 被害者保護・支援の取組みの現状を見ると，それを前進させるにはやはり立法による手当てが必要であるというべきであろう。

人身売買罪等の立法は，人身取引の被害者は犯罪者でなく被害者なのだという方向への法規範的評価の転換を意味するものであった。この転換が，入国管理当局や警察等の取締実務に大きな変化をもたらしたことは確かである。

3 人身売買罪の罪質

そのように法規範的評価の転換に大きな意味のあった人身売買罪については，その保護法益を何に求めるかという問題が提起されている。それに社会的法益としての積極的な位置づけを与えることが，人身取引への社会的関心を高めそれに対する規制を前進させるために必要ではないかというのである。[12]

この点については，人身売買は個々人が享有する人権を侵害する犯罪だと明確に位置づけるべきだろう。人間の尊厳とか人権はすべての人が等しく共有するものであるがゆえに普遍的なのである。生身の具体的な人間を離れて人権は存在しない。具体的な個々人にその人権を保障することをためらうような社会では，人身売買を克服することはできないであろう。社会的法益論では，必要悪という名で展開される他の社会的法益と天秤にかけられることになってしま

うおそれがある。

　それでは，その個人法益はどのような性質・内容をもっているのであろうか。

　まず考えられるのが，身体活動の自由である。それは，人権である自由の不可欠の構成部分であるから，それが奪われるのでは人々が社会を構成し国家や法をつくった意味がない。身体活動の自由を侵害する行為は，社会結合の意味を台なしにする行為であり，社会侵害行為であるといわざるをえない。さらに，そのような社会侵害行為をそれと知って行うことがあれば，それは社会に敵対する行為であるといわざるをえないだろう。身体活動の自由に対する故意の侵害行為が逮捕・監禁罪や略取・誘拐罪などとして犯罪にされてきた理由は，そこにある。

　ところで，そのような犯罪によって侵害されるのは，身体活動の自由であり，それは，人間存在にとり必要不可欠だが，人間存在からすれば人間のもつ機能の一部であるにすぎない。それに対し，人身売買は，身体活動の自由の侵害を伴いつつそれを突き抜けてさらに人間を物におとしめ，人間としての存在を否定する。したがって，それは犯罪としての性質・重さからすれば，身体の安全に対する罪と生命に対する罪の間に位置するものというべきであろう。

　この意味において，改正刑法が人身売買罪を「略取，誘拐」と同じ章の中に規定したことには問題がある。

4 加害者処罰立法と興行ビザ規制の効果

　加害者処罰の実施状況としては，人身取引事犯の検挙件数が，平成15（2003）年に51件であったのに比べ，平成16（2004）年79件，平成17（2005）年81件に急増している。このことは捜査機関の検挙意欲の高まりを示すものといえよう。この検挙意欲の高まりの背景事情として，アメリカ国務省の人身取引報告書において，日本が2004年から「特別監視国リスト」に入れられたという「外圧」があったことを指摘しておく必要があろう。この外圧のショックが人身取引対策に向けた政府の取組みを加速させたことは確かである。2004年4月には

内閣に「人身取引に関する関係省庁連絡会議」が設置される。それは、内閣官房、警察庁、法務省刑事局、法務省入国管理局、外務省、厚生労働省の局長級によって構成されるものであった。

　もっとも、人身売買罪が施行後2年足らずの間に25件起訴されたという事実は、「受入大国ニッポン」の実態を反映しているかという点の検討は残っているといえよう。

　ところで、平成18 (2006) 年には、前年に比べ人身取引事犯の検挙件数や検挙人員数でほ微減であるのに、被害者数が117名から58名に急減している[13]。

　この点につき、平成19 (2007) 年2月付法務省入国管理局広報資料「平成18年に保護又は帰国支援した人身取引の被害者数について」によると、法務省入国管理局が平成18 (2006) 年に保護 (在留特別許可) または帰国を支援した人身取引の被害者は、47人 (全員女性) で前年 (115人) に比べ減少 (59.1%減) し、特に在留資格「興行」をもって在留していた被害者が18人 (前年68人)、同「興行」で上陸を許可された後に入管法違反となっていた被害者が0人 (前年6人) に大幅に減少した、ということである (なお、被害者の国籍別の内訳は、フィリピン人29人 (前年47人)、インドネシア人14人 (前年41人) で、この2カ国で全体の91.5%を占めたが、被害者数はいずれも減少した)。被害者が減少した理由としては、平成16年12月の「人身取引対策行動計画」策定以降、政府全体で人身取引対策に取り組んでいることはもちろん、法務省入国管理局が人身取引対策として、平成17年および平成18年の2回にわたり在留資格「興行」に係る基準省令の改正を実施したことに伴い、同在留資格で入国するものが大幅に減少したことによるものと考えられる、とされている。

　興行ビザへの規制は、人身取引の被害防止にかなりの効果があったというべきであろう。それに対し、犯罪の新設や罰則の強化がどの程度の抑止効果があったのか、明らかではない。処罰強化に抑止力があるのであれば、立法が施行されると犯罪が減るはずである。ところが、新設の人身売買罪規定は2005年6月22日公布で7月12日から施行されたにもかかわらず、2005年の人身取引事犯の検挙件数、検挙人員は、検挙意欲の高まったと思われる前年に比べても増加し

ている。

　刑罰や刑法の抑止力は一般に考えられているほどにはないということが以上の事実からも明らかになったように思われる。ある行為を犯罪にする立法は，それを犯罪に値する許されないことだと考えていた人々にとってはその規範意識を満足させ，より強固なものにする。このことは，法秩序は多数派の規範意識で維持されるものなので，その限りで意味のあることではある。けれども，そのような規範意識をもっていない人とか，違法であっても見つからなければやると考える人などに対しては，あまり抑止力がない。処罰による抑止は，威嚇による抑止であり，他律である。他律が自律に転化するまでは，犯罪行為をすれば確実に捕まるという事実が犯罪予防には必要なのである。人身取引事犯の多くは，発覚しないような方策を講じることによって捕まることはないと考えて行われている。刑罰の抑止力に見るべきものがなかったとしてもおかしくはない。

　それに対し，興業ビザへの規制強化は，ビザが入国時に必ず入管当局によるチェックを受けるものであることから，入管当局に腐敗がない限り，有効に機能するわけである。もっとも，これも他律的規制であるから，人身取引への「需要」がある限り，短期滞在や偽装結婚等といった別の抜け道に逃げる者を防ぐことはできない。他律的である規制は，有効な場合であっても，あくまで対症療法であるにすぎない，ことに注意する必要がある。

Ⅳ　何をなすべきか

1　対策の重点はどこに置くべきか

　この問題については，被害者支援活動に精力的に取り組む中からなされた次の指摘が重要であろう。すなわち，「人身取引対策は，通常，加害者処罰，被害者保護，被害防止の3面から論じられ，かつこれらを有機的に関連させた総合的・包括的対策が必要であると指摘されている。筆者も同感であるが，さら

に，いかなる対策をとろうとも，一度発生してしまった被害の完全な回復は困難であるという現実を直視するならば，加害者処罰に重点を置く対策は不十分であり，被害者の保護支援と被害の未然防止にこそ最大の努力をすべきものと考える」というものである。

私はそれに，上述したように加害者処罰には一般に期待されているほどの犯罪予防効果がないということを付け加えたい。

それではなぜ，日本の取組みでは，加害者処罰等の規制面に比べ，被害者の保護支援や未然防止の取組みが弱くなっているのであろうか。

② 組織犯罪対策としての人身取引対策

日本における人身取引対策は，内閣や議会レベルでは，「国際的な流れを受けて」行われてきた。

まずそれは，組織犯罪対策への国際協調ということで進められた。1994年のナポリで開催された国際組織犯罪世界閣僚会議において国際組織犯罪防止条約の検討が提唱される。その後，1998年の国連総会において，本体条約である国際組織犯罪防止条約に加え，それに付属する①人身取引，②密入国および③銃器に関する3つの議定書を起草するための政府間特別委員会が設置され，本体条約と人身取引議定書については2000年の国連総会で採択される。日本は，本体条約を2000年に，人身取引議定書については2002年に署名するにいたる。

他方アメリカでは，2000年に成立した「人身取引及び暴力の犠牲者保護法」に基づき，米国務省が人身取引報告者を作成・公表することになった。日本は，2001年と2002年報告では，3分類のうちの第2分類（保護法の基準は満たしていないが努力している国）に位置づけられた。ところが，2003年成立の「人身取引被害者保護再授権法」により2004年から第2分類中に「特別監視リスト」が加えられ，日本はその中に入れられてしまった。

以上の2つの流れを受けて，日本政府は，2004年4月，上述した「人身取引に関する関係省庁連絡会議」を設置し，同年12月7日に「人身取引対策行動計画」を策定する。そしてその翌年の2005年には，人身取引に対する一連の規制

立法が制定されるにいたったわけである[17]。

　この経過からすると，日本の政府レベルの対応は，基本的には「外圧」によるものであったといわざるをえない。

　もっとも確かに，行動計画策定過程では，「総合的・包括的な対策をとることが重要であるとの認識の下，人身取引政府協調調査団をフィリピン及びタイに派遣し，内外の関係機関やNGOの意見を聴取[18]」している。人身取引問題への取組みとしては，日本でもたとえば，民間シェルターとして先駆的といわれる「女性の家HELP」は1986年に，「女性の家サーラー」は1992年に設立され，多くの外国人女性の保護・支援に当たってきた実績をもっている。1995年の国連北京女性会議を契機に，滞日外国人支援NGOである「京都YWCA・APT」のメンバーを軸に行われた検討作業の成果も，2001年12月に単行本（『人身売買と受入大国ニッポン――その実態と法的課題』明石書店）として出版されていた。その他多くのNGOやボランティアグループの活動がある。けれども，それら被害者支援のための民間ボランティアの動きはなかなか政府を動かすことはできなかった。その流れが変わったのは，上述した2つの「国際的な流れ」によってであるといわざるをえない。ちなみに，人身取引議定書にはNGO等との連携の必要性が規定されている。

③ 組織犯罪対策という目的がもつ限界

　人身取引対策が基本的に組織犯罪対策として位置づけられると，犯罪処罰をはじめとする取締りや規制が中心となるのは目に見えている。それでも，人身売買が犯罪であることが法律に明記されると，人身取引の被害者が人管法違反や売春防止法違反の「犯罪者」として処罰されたり，強制送還されるといった逆転した事態は改善されよう。また，犯罪は社会現象であることから，犯罪対策においても被害者保護や支援の必要性が意識され，それらのための対策も組み込まれることになるであろう。けれども，この構造の下では，被害者の保護や支援は犯罪予防の必要性に付随するものとしての位置しか与えられないことが多い。現に，人身取引議定書にもその傾向が見て取れる。

人身取引議定書は，まず第5条で人身取引の「犯罪化」を規定し，次いで第6条で人身取引被害者の「保護」を規定する。しかも，「議定書の目的の一つである人身売買の被害者の保護および支援等に関する規定（第6条から第8条）では，『適切な場合には』，『締約国の国内法の下で可能な範囲内で』，『措置をとることを考慮する』，『確保するように努める』などの表現が使われており，締約国の義務は人身売買の処罰化に比べるとひどく緩やかである」。その理由はどこにあるか。「これは，議定書が国際組織犯罪の防止というテーマのもとにつくられており，国連が1948年の世界人権宣言を出発点に人権の国際的保障という取組みのなかで採択した多くの人権条約の一つとしては位置づけられていないことを示している[19]」。

④ 人身取引対策のあるべき構造

人身取引議定書の限界を補うために，国連の人権高等弁務官事務所は2000年にガイドラインとして「人権および人身売買に関して奨励される原則および指針[20]」を作成し，2002年7月に経済社会理事会に提出している。そこではまず，「人権および人身売買に関して奨励される諸原則」として，「人権の最優先性」，「人身売買の防止」，「保護および支援」，最後に，「犯罪化，処罰および救済」となっている。次いで，「人権および人身売買に関して奨励される指針」でも，指針1が「人権の促進および保護」であり，犯罪化や処罰は，指針4の「適切な法的枠組みの確保」の一環として含まれることになっている。

英連邦事務局人権ユニットがまとめた専門家グループの報告[21]でも，予防戦略の第1が経済的エンパワーメント，第2が教育，第3が法的介入，第4が啓発活動，第5が目的国における需要の抑制である。加害者の厳格な処罰は，第3の法的介入の一環として位置づけられている。

⑤ 政策理念の重要性

人身取引対策についても本当にその克服をめざそうとするのであれば，やはり政策理念を明確にしておく必要がある。その理念とは，人身取引は人権を侵

害するものであり，その対策は人間の尊厳を社会的に守り，発展させるためのものであるということに求めるべきであろう。

上述した英連邦事務局人権ユニット専門家グループの報告書は，ジェンダーと権利に基礎を置くアプローチの重要性を説き，次のように主張している。

「人身取引された女性や子どものための保護は，ジェンダー対応的（gender-responsive）かつ権利促進的（rights-enhancing）でなければならない。しかしながら，保護の名においてなされるアプローチの主流は，ある事柄をしないように女性に禁止や制限を課すとか，女性を統制し矯正するとか，パターナリスティックな慈善でもってサービスを提供し女性を受動的な受益者扱いするとかの傾向にある。このようにしてそれらは，伝統的なジェンダー・ステレオタイプを再び力づけ，ジェンダーや権利のアプローチと相容れなくなる。対照的に，a rights-based approach は，危険で（unsafe）差別的な環境が統制され変化させられるべきことを保証するであろう。この環境と負けずに闘う女性の能力は促進されるべきである。人身取引された女性あるいは潜在的被害者に対する援助やサービスの供給は，国家がよりよい生計の機会や選択を提供することに失敗しているのであれば，国家の義務と見られるべきであり，それはまた，女性の権利である[22]」と。

このように，権利ないし人権を基礎にしたアプローチでは危険で差別的な環境の改善にまで行きつくことは，国連の現代奴隷制作業部会で1995年に採択された「人身売買および他人の売春からの搾取に関する行動計画[23]」においてもいえることである。そこでは，人身売買の実行者を処罰し，国内的・地域的および国際的枠組みにおいて，人身売買を生み出す経済的・社会的原因を，必要な場合には，国内立法および国際文書の採択によって根絶する一方，人身売買の被害者を保護し，必要な援助を与えるための措置をとることが，謳われていた。

日本でも，人身取引対策を国際犯罪対策の流れでなく，国際的な人権保障の流れの中にとらえなおすことが必要であるといえよう。人身取引は「人間の安全保障」の問題としてとらえなおされなければならないということである。

V おわりに

　人身取引は需要があるから行われる。先進国は経済発展の不均等と相まってその需要先になっている。需要の中身は人権侵害そのものである。人権侵害地である先進国には，そのような需要を絶つ責務があるというべきであろう。先進国である日本は，その責務を果たせず人身取引の送込み先になっている。それゆえに，日本にはその被害者を保護する責任がある。国際人権規約に拘束される日本はなおさら，被害者の人権を保障しなければならない。被害者にはそれを要求する権利があるはずだ。外国人被害者であっても，自由権のみならず社会権についても国民と同様に扱われるべきだろう。人権を基礎にしたアプローチからは少なくともそのような結論になるはずだ。
　また，人身取引に対する法的介入について，立法や法執行過程にコミュニティの参加を確保することが必要であり，人身取引との闘いにおいて，コミュニティを巻き込むことなくしてはほとんど成果が期待できないといわれている。[24]確かに，コミュニティとしての取組みが「需要」地においても「供給」地においても不可欠であろう。コミュニティが個々人の人権保護の担い手になる。そのような社会になってはじめて人身取引は克服されるというべきであろう。
　それに加え，法的介入には大きく2つのタイプがあることにも留意する必要がある。私はその2つのタイプにつきかつて次のように述べたことがある。
　「その一つは，警察法による命令・禁止型の介入，つまり個人に義務を課しまたは特定の行為態様を禁止するという方式である。他方は，個人に権利を保障するとか付与する型の介入である。たとえば，公的権力の腐敗を防止するために，公務員の服務規律を強化拡大するのは前者の介入方式であり，国民の知る権利を根拠に情報公開請求権を強化拡大するというのが後者の介入方式である。企業の経済活動規制についても同様のことが言える。無職少年が盛り場にたむろするのを禁止するという方法と少年の発達成長権保障を具体化するため

の就業機会拡大とか自主的な集団活動への支援の拡大強化という方法のちがいもある。その外に社会活動のための休暇権，子供の成長発達権・自己表明権など。このように積極的な権利を保障するための法政策・立法を推進すれば，権利行使の相手方にそれに応える義務が生じることになる。けれども，権利をあいまいにして義務負荷を先行させるのと，権利を先行させるのとでは人間や社会のあり方が大きく異なることに注意すべきである。

そのようなやり方の違いは，権威主義的抑圧型と民主主義的人権型の違いであるといってもよい。『相互不信からの不安・恐怖にもとづく防犯活動優先型』と『人権ベースの連帯による住民自治拡充型』の対立であると言うこともできる。21世紀の課題は後者の確立・発展にある[25]」と。

私には，人身取引対策における法的介入についても同じことが当てはまるように思われるのである。

[注]
1) 武藤かおり「日本における人身取引の実態――人身売買コロンビア女性について」自由と正義2005年12月号74頁。
2) 別の資料によると，2005年のコロンビア人被害者は1人である。平成19年2月8日付警察庁生活環境課「平成18年中における人身取引事犯について」の表「1 人身取引事犯の検挙状況等」参照。
3) 武藤・前掲注1)論文74頁。
4) 吉田容子「国内対策の現状と課題」自由と正義2005年12月号80頁参照。
5) Report of the Expert Group on Strategies for Combating the Trafficking of Women and Children, Commonwealth Secretariat, 2003, p. 33.
6) 青木理恵子「被害者の保護・支援施策の提言――被害からの真の回復のために」吉田容子監修・JNATIP編『人身売買をなくすために――受入大国日本の課題』(明石書店，2004年) 145～150頁。
7) 「人身売買被害者保護コーディネートセンター」構想につき同様の提言をしているのが，京都YWCA・APT編『人身売買と受入大国ニッポン――その実態と法的課題』(明石書店，2001年) 276～277頁参照。
8) Report of the Expert Group, supra note 5, p. 37.
9) 吉田容子「日本における人身取引の課題」(財)アジア・太平洋人権情報センター編(ヒューライツ大阪)『アジア・太平洋人権レビュー2006――人身売買の撤廃と被害者支援に向けた取組み』(現代人文社，2006年) 46頁。

10) 吉田・前掲注9）論文46～48頁参照。
11) 吉田容子「国内法制度をどう変えるべきか」吉田容子監修・JNATIP編・前掲注6）書138頁参照。
12) 佐々木光明「日本刑法学会ワークショップ報告――人身売買罪の検討」刑法雑誌46巻3号（2007年）130頁参照。
13) 以上の検挙件数等の統計については，平成19年2月8日付警察庁生活環境課・前掲注2）参照。
14) この点については，飲酒運転処罰立法を素材にしてすでに論証しておいたところである。生田勝義「刑罰の一般的抑止力と刑法理論――批判的一考察」立命館法学300・301号（2006年）24～44頁参照のこと。この論文は，**本書第3章**に収録。
15) 次の指摘は重要である。「政府が取り締まりを強化すれば，人身売買は地下に潜る。被害者は更に見えにくくなって，支援現場から遠い存在となる。いなくなったのではなく，見えなくなったのである。コロンビア領事館は今夏（2005年夏〔生田注〕），東京や横浜の摘発の影響で被害者女性が流れたとされる名古屋方面に被害者救済メッセージを配布する作業を行ったという。しかし情報の伝えかたとして最善の方法は，情報カードの配布などではなく，口頭で伝わる噂に効力があるとのことだ」（武藤・前掲注1）73～74頁）。
16) 吉田・前掲注9）38頁。
17) 以上の経過のとらえ方については，警察庁生活環境課長補佐の肩書きで執筆された次の文献を参考にした。長島秋夫「人身取引対策の現状と課題」警察学論集59巻4号（2006年）71～73頁。
18) 長島・前掲注17）73頁。
19) 以上，米田眞澄「人身売買防止のための国際条約」自由と正義2005年12月号97頁。
　なおこれに対し，人身取引議定書を「国際人権法としての意義をも有する条約」として積極的に位置づけようとするのが，大谷美紀子「国際組織犯罪としての人身売買の取締り」（財）アジア・太平洋人権情報センター編（ヒューライツ大阪）・前掲注9）書10頁以下。
20) この翻訳は，吉田容子監修・JNATIP編・前掲注6）書184～206頁参照のこと。
21) Report of the Expert Group, supra note 5, pp. 22-28.
22) Report of the Expert Group, supra note 5, p. 21.
23) E/CN. 4/sub. 2/1995/28/Add. 1. 京都YWCA・APT編・前掲注7）書187～189頁にある概要の紹介参照。
24) Report of the Expert Group, supra note 5, p. 26.
25) 生田勝義「厳罰主義と人間の安全――刑法の役割についての一考察」広渡清吾ほか編『小田中聰樹先生古稀記念論文集　民主主義法学・刑事法学の展望（下巻）』（日本評論社，2005年）61頁。この論文は，**本書第1章**に収録。

■ 第6章

日本の治安法と警察
—— その動向と法的課題

I　はじめに—— 本章の目的

　国家や法は個々人の自由や権利を保障するために存在する。国家や法秩序のために個人が存在するのではない。このような個人と国家社会の関係を律する理念は，近代が成し遂げた貴重な歴史的成果である。もっとも，近代では個人が抽象的な人格としてとらえられたため，生身の人間としての個々人すべてに自由や権利を保障するということにはならなかった。この残された課題は，その後，進歩と反動という，「行きつ戻りつ」の行程をたどりつつも，全体としては人類の血と汗と涙の努力によって徐々に具体化されることになる。

　自由や権利の発展における進歩と反動が端的に現れるのが治安法と警察の分野である。本章は，激動する現在日本における「治安法」と「警察」を俎上に載せ，人権と民主主義を発展させるためにそれらが法的な制度としていかにあるべきかという課題に取り組もうとするものである。この意味において，本章の第1の目的は，歴史学や社会学などといった事実学からのアプローチというより，法学からの規範的アプローチによって，今後の法や警察のあるべき姿を探求するところにある。第2の目的は，日本の「戦後改革」と日本国憲法がその後の日本法に残した進歩的側面を基本的な法構造のレベルから明らかにすることによって，輸入法学でない科学的比較法学と日本法の動的分析の必要性を明らかにすることにある。第3の目的は，日本の治安法と警察の実務に見る裁

量の大きさを明らかにすることによって，日本でも顕著になりつつある法解釈論（とりわけ刑法解釈論）における規範主義的傾向に警鐘を鳴らし，保障原則の重要性を再確認することにある。

II　概念の整理

　法的な概念は，同じように見えても国により微妙な違いがある。また，同じ国においても時代により変化することが多い。そこでまず，分析対象を明確にするために，本章のキー・ワードである「治安法」と「警察」についてその意味を整理しておこう。

1　「治安法」とは何か
　治安という言葉の意味は，「国家が安らかに治まること。社会の安寧・秩序が保たれていること」（『広辞苑』）であるとされている。これは，生身の人間の安全，すなわち個々人の生命・身体・財産の安全が保護されていることと同じではない。生身の人間とは区別された国家とか社会の，しかもその平穏の保持が内容とされている。この違いは，それらを保護するために制定される法の性質や構造の違いを生み出すことになる。
　刑罰法規に限って見ると，個人の安全を保護することを基本にする「市民刑法」と国家・社会の平穏・秩序を保護する「治安刑法」という違いが出てくる。社会や国家さらには法は個人の自由や権利を保障するために存在するという理念に立って，個人の自由や権利を保障するための法を「市民法」と呼ぶとすれば，個人を超越した国家や社会の平穏・秩序を保護する法は「治安法」と呼ぶことができる。この治安法は刑罰法規にとどまらず，広く行政法による規制を含むことになる。日本における戦前の天皇制による圧政を支えた治安維持法は治安刑法の典型であり，治安警察法は治安法の典型であった。生身の個々人の安全を離れ，国家や社会の平穏・秩序を保護の対象として持ち出さざるをえな

いのは，その国家や社会の秩序が実は国民すべてにとって必要不可欠なもの，つまり国民すべてを平等に保護するものではないからである。国家や社会の階級性という側面がどうしてもそこにはついてまわらざるをえないのである。その意味で「治安法」は政治性を帯びることになる。

市民刑法によると，犯罪は原則として他人の権利・利益を害する行為（＝他害行為）でなければならない。市民刑法は，自由という人権を基礎にして組み立てられている。その自由とは，「他人を害しない全てをなすことができることにある」（1789年フランスの「人及び市民の権利宣言」4条）とされる。近代以降の刑法原則の1つに侵害行為原理があるのだが，その原理の基礎にあるのが人権としての自由なのである。それに対し，治安刑法は，生身の人間やその財産を害する行為がなされなくとも，国家が危険と認定する思想・信条を表明するとか，組織をつくる（結社）だけで，犯罪として裁判にかけ処罰する。治安法はさらに，そのような思想・信条の表明や結社を事前的に防止するため司法によるチェックなしに予防的行政規制を可能にする。治安刑法・治安法とも，自由や人権，民主主義の対立物である。

もっとも，市民社会が成熟するにつれ，個人を超越した国家・社会という観念は通用力を弱め，個人の安全を保護するために国家や社会の平穏・秩序を保護するのだという説明が前面に出されるようになる。あるいは単に，住民や国民の「安心」や「安全感」を保護するのだという説明がなされることもある。最近の日本では，後者の説明が『警察白書』などで使われている。

なお，「治安がよい」という表現は，結果として国家や社会が平穏であり，秩序が保たれている状態を指すのであれば，問題はない。問題は，治安を国家が国民の自由や権利を制限して強権的に実現しようとする点にある。

2 「警察」の意味

警察についてはまず，犯罪捜査などのための強制力行使を法認され，そのための合法的な強力をそなえた公権力機関である警察組織と，犯罪の捜査・予防にとどまらず，広く社会公共の安全，秩序の維持に当たる公権力の活動を意味

する警察作用とを区別しておく必要があろう。

次に，警察作用はさらに，司法警察作用と広義の行政警察作用に分けられる[1]。広義の行政警察作用のうち，警察組織によって行われるものは保安警察といわれることもある[2]。

警察作用が奉仕する人の違いによる区別もある。市民の日常生活の安全に奉仕するのが「市民警察」。権力者のためにその政治的敵対者を抑圧する役割を担うのが「政治警察」ないし「治安警察」である。政治警察や治安警察は「諜報機関」でもある。以上4つは現在の日本では学問上の用語であり，法令に直接の根拠はない。日本において名実ともに政治警察ないし治安警察といえるのは破壊活動防止法の実施機関としての公安調査庁である。それ以外に，警察法が規定する「警備公安」警察も市民警察の装いをとりつつ実態において政治警察・治安警察の役割を担うものといってよい。

本章の主眼は，警察組織とそれによって担われる警察作用を俎上に載せ，そのあり方を検討することにある。

III 日本の治安法と警察の基本的特徴

今日の日本における治安法と警察の基本的特徴は何か。基本的特徴とは，基本的構造であるといってもよい。それは簡潔にいえば，相対立する2つの動き，すなわち，治安法については，市民刑法原則と政治刑法化とのせめぎあい，また警察については，第1に，警察作用の分権化による行政警察権限の縮小とそれに対立して拡大する動き，第2に，警察組織の分権化に対する中央集権化，第3に，警察民主化のための警察管理への国民参加に対する警察官僚組織によるその形骸化，という相対立する動きのせめぎあいの中で，それぞれにおいて後者の動きが優勢になってきたということであろう。と同時に注目すべきなのは，このせめぎあいが刑罰法規や警察に関する基本法制の規範構造には依然として色濃く残っているということである。

1 天皇制軍国主義を支えた治安法・警察および内務省の解体

1 治安法・治安警察の解体

　戦後の治安・警察法制の展開に決定的な影響を与えたのは，1945年8月ポツダム宣言受諾に伴う民主化措置により，天皇制ファシズムを支えた治安法・治安警察がほぼ全面的に解体されたことである。治安維持法，治安警察法，新聞紙条令，出版条令，違警罪即決例などの廃止，思想警察・政治警察であった内務省刑保局や特別高等警察の廃止などがなされた。警察関係者の中の高級官僚の公職追放，特に特高関係者については全員の公職追放がなされた。これらの治安法制の解体によって，（爆発物取締罰則や暴力行為等処罰に関する法律が残るなどの問題があったものの），戦後の日本では一時期，市民刑法の法体制がかなり純粋な形で妥当することになる。

　軍事法であるが，対内的には治安法の機能も果たしていた国防保安法，軍機保護法，軍用資源秘密保護法も，廃止された。刑法典からも，戦争や軍隊を前提にする犯罪規定が削除された。

2 内務省の解体と行政警察事務の各省庁への分散

　さらに重要なのは，中央集権的警察組織と広範な行政警察作用を束ねていた内務省の解体であった。警察組織が責任をもつべき事項が，犯罪の予防・抑圧，犯人の捜索・逮捕，生命および財産の保護，法および秩序の維持，交通取締りおよび安全交通などに限定されるとともに，内務省が所管していた保健衛生，消防，経済取締りなど広範な行政警察事務が，厚生省や自治省など各省庁の事務に分散され，その行政事務に転化された（この点が日本の戦後警察の重要な特徴になっていくにもかかわらず，治安立法研究においてはあまり言及されることがないので，あえて強調しておく）。そのようにして各省庁に分散された事務や作用は最早，行政警察作用という用語に似つかわしいものではなくなったといってよい。

　行政取締法規違反に対する制裁の多くも，行政機関が言い渡すことのできる行政罰でなく，裁判所が言い渡すことの必要な刑罰に代えられることになった。この措置は，戦前における行政警察が裁量権限を濫用し国民の自由や権利

を侵害したことへの反省からなされたものであったが，今度は逆に刑罰が多用され，刑罰インフレーションが生じることになった。

　しかも，警察による強制捜査には裁判所のチェックが必要であるとはいっても，各省庁の行政作用法に刑罰を多用することは，行政警察作用は各省庁に分散したものの，犯罪の捜査，犯罪の予防という警察権限を経由して，警察組織の権限を再び拡大することになる。

　警察権限の強化・拡大は，また司法警察権限において顕著になされた。戦前の警察官は，犯罪捜査については検事を「補佐」するにすぎなかったのだが，戦後は検察と並び捜査権をもつことになった。このことも，行政法違反への刑罰の多用と相まつことによって，警察組織の権限を大きく拡大することになる[3]。

　警察力の分権化により警察権力が強大になることを避けようとするのであれば，行政取締法規違反に刑罰を多用するのでなく，行政手続法により手続保障を丁寧に行ったうえで，刑罰よりも穏やかだがそれだけに小回りの利く効率的な制裁や措置を法認する方向で解決すべきだったと考える。

3　治安法・警察・内務省の解体がもった意味

　これらの解体により，戦後民主化のための設計図をかなり自由に引くことが可能になった。そのような解体は，戦勝国の占領軍による実力支配下において占領軍主導でなされたから可能であったといえる。けれどもそのことは他方において，解体したところに新しい民主的な警察を構築するという取組みにとってはその民主的な担い手の成長が追いつかないという弱点となっていく。

② 「戦後改革」による警察民主化

　戦後改革期には単に旧体制の解体にとどまらず，国家・社会全体にわたる民主化が進められた。公権力を支える合法的強力である警察組織についても民主化が進められた。占領軍は間接統治という方法で日本の民主化を進めたのだが，戦争推進勢力を公職追放したとはいえ，基本的には旧支配層出身者によって構成される日本政府・官僚の抵抗を受けながら推進された。警察改革におい

ても同様であったが，改革案決定時の内閣が社会党の片山内閣であったことがその内容に大きく影響した。警察民主化における最大の対立点は，改革を徹底して英米流の自治体警察に再編するか，それとも，戦争を放棄し，軍隊をもたない中で，国家的な治安維持の実力部隊として中央集権的警察組織を再確立するかという点にあった。この対立は，最終的に人口5千人以上の地方自治体に自治体警察，それ以外に国家地方警察を置くこと，それぞれの「管理」機関として公安委員会を置くことで決着する。このようにして成立したのが旧警察法（昭和22年法律196号）である。

③「逆コース」による再編

占領軍による日本民主化政策は，1949年に中華人民共和国が誕生するといった情勢を背景にして大きく変化し，東西軍事対立における「反共防壁」としての日本再建へと急傾斜していく。

治安法については，占領中に1949年の団体等規正令による思想・信条，結社への取締り，とか，公安条例による集会・集団行進への規制が行われ，1952年にはサンフランシスコ講和条約後の治安維持のためとして破壊活動防止法が強い反対を押し切って制定・施行される。

また，自治体警察化による警察組織の分権化か中央集権化による強大な警察組織かという対抗関係については，すでに1950年に現在の自衛隊の前身である警察予備隊が創設されることによって後者へのゆり戻しが開始されていたのであるが，1954年には自衛隊法の制定・施行と同時に新しい警察法が制定・施行される。この新しい警察法（昭和29年6月8日法律162号，同年7月1日施行）によって，自治体警察制度が廃止され，都道府県公安委員会・同警察と国家公安委員会・警察庁という形で中央集権的警察への再編が行われ，中央集権化の流れが勝利する。その後は広域捜査・取締りの必要に迫られて，都道府県警察間の権限調整が進められたにすぎないといってよい。

Ⅳ　日本における治安法の構造

1　典型的治安法

　現在の日本において名実ともに治安法というべきものは、国レベルの破壊活動防止法と地方公共団体レベルの公安条例である。

　破壊活動防止法（以下，破防法）は、「団体の活動として暴力主義的破壊活動を行つた団体」に対する「規制措置」として「団体活動の制限」および「解散の指定」などを定めるとともに、「暴力主義的破壊活動に関する刑罰規定を補整」するとして内乱・外患罪の独立教唆やせん動の処罰、政治目的のための放火・騒乱の予備を処罰する規定を設けたものである。この暴力主義的破壊活動には、内乱や外患罪に規定する行為を「実行させる目的をもつて、その実行の正当性又は必要性を主張した文書又は図画を印刷し、頒布し、又は公然掲示すること」とか、「政治上の主義若しくは施策を推進し、支持し、又はこれに反対する目的をもつて」する騒乱、公務執行妨害など、さらにはそれらの予備、陰謀、せん動まで含まれる。

　公安条例は、地方公共団体により違いはあるが、集会や集団行進の遵守事項を示したうえで、それらを行おうとする者に公安委員会（実態は警察）への届出あるいは許可申請を義務づけ、無届ないし無許可で、あるいは遵守事項や許可条件に違反して集会や集団行進を行った者を処罰できるようにしたものである。

　公安条例は、集会・集団行進規制のために多用され、それに関する裁判例も多い。破防法については、摘発された例は数件あるが、有罪にまでいたったのは三無事件だけである。けれども、破防法による諜報機関として設置された公安調査庁は、日常的に諜報活動を進めてきた。また警察も、破防法による諜報活動を行っている。[5]

2 機能的治安法

　破防法は制定されたものの実際にはほとんど適用されなかった。その理由として無視できないのが，それが「思想を処罰しかねない」ものと批判する大反対運動を押し切ってようやく制定されたものだったということである。その後，強制的所持品検査などを認めようとする警察官職務執行法改正法案（1958年）や破防法の小型版である政治的暴力行為防止法案（政暴法）が提出されるが，いずれも国民的大反対運動によって日の目を見ることはできなかった。

　ここにおいて，新たな治安立法によらないで，既存の警察組織法の枠組みを利用して「警備公安警察」を拡充するとか，道路交通法や軽犯罪法，屋外広告物条例などといった市民法や市民刑法に属する法律を治安法的に運用するという手法がとられるようになる。これを「機能的治安法」という。この流れにおいて刑法典上の犯罪である凶器準備集合罪とか文書偽造罪や住居侵入罪とかも，過激派集団の取締りに利用できるように，拡大解釈・適用され，判例となっていく。

3 安全保障的刑法への動き

　現代刑法の特徴として，抽象的に危険な行為ないし態度がなされれば侵害結果が生じなくてもそれだけで犯罪にすべきだという思想に基づく刑事立法が優勢になっている。この思想傾向を事前的予防主義という。近代的市民刑法は，権利侵害があってはじめて犯罪にできるというのが原則だと考えていた。自由という人権を基礎にして考えると，近代的市民刑法のほうが妥当である。学説の多くが最近の事前的予防主義を批判的にとらえているのは，自由を基本的人権とする以上，当然であろう。

　事前的予防主義による立法は，テロリズムや経済犯罪，環境犯罪に対する対応を中心にして進行してきたのであるが，80年代以降，薬物犯罪への対応をめぐり新たな展開を示すことになった。日本では，1991年3月公布，92年7月施行の「国際的な協力の下に規制薬物に係る不正行為を助長する行為等の防止を図るための麻薬及び向精神薬取締法等の特例等に関する法律」を嚆矢とし，

1999年8月公布，2000年2月施行の「組織的な犯罪の処罰及び犯罪収益の規制等に関する法律」や1999年8月公布，2000年8月施行の「犯罪捜査のための通信傍受に関する法律」などにいたる，組織犯罪取締りでの国際協調を理由にする立法が進行している。

　これらの立法には，レーガン政権時代に米国が「薬物との戦争」に乗り出し，それを国際政治の日程に乗せ推進したことが，大きな影を落としているといえよう。これらの立法では，自由保障のために必要とされてきた伝統的な刑事法の諸原則が，「戦争」に必要な国際協調という名の下に後退させられている。また，それらの立法の基礎には，「組織的」であることが犯罪の悪質さを加重するという発想がある。けれども，そのような発想が結社や集団を危険視し，それらに対する刑事規制を強化しようとする思想に連動することは歴史の教訓である。個人行為責任の原則，その原則に立ったうえでの共犯規定（任意的共犯を原則とし，必要的共犯を例外とする）および共犯従属性原則は，発生史的に見ると前近代的な団体責任を否定するためのものであったが，それらは結社や集団行動の自由をも保障するにいたった現代人権法とも整合するものなのである。

　ところが今また，国連組織犯罪条約を批准するためという理由で，威力業務妨害などを含む500を超える罪種で「組織的な」犯罪の「共謀」を独立に処罰できるようにする法案が準備されている。戦前の治安警察法などへの反省から，戦後の日本では，結社罪に関する立法は行われてこなかった。今回もこの線は維持されているが，組織的であることが危険視されていることに変わりはない。この立法を認めれば，次にくるのが，警察による電気通信の盗聴にとどまらず，室内の盗聴まで法認せよとの要求であろう。それなくしては，実効性のない立法になってしまうからである[6]。けれども，室内盗聴まで法認したドイツでの経験から判断すると，それによっても当初の立法目的を達成するには程遠い，実効性のないものにならざるをえないだろう[7]。

　新自由主義政策が醸成する「自己責任」強調意識は，その裏返しとしての不安感の増大と相まって，厳罰主義への傾斜を強めている。上から競争を組織さ

れ，孤立させられるなかで，連帯や寛容の精神が後退し，「異分子」排除の意識が，一部で排外意識と絡み合いながら，醸成されようとしている。この中で，特に90年代後半以降，国民の「安全」を超えて「安心」や「安全感」までを警察や刑法によって保護しようとする動きが強まっている。それは，警察による「困りごと相談」体制の強化，ストーカー防止法や各地における迷惑防止条例の改正，落書処罰条例の制定などに典型的に現れている[8]。

　以上の動きが伝統的な市民刑法の限界を超え出ていることは明らかであろう。今日，刑法の事前的予防主義化は，万が一生じるかもしれない重大な危険に事前に備えるという意味で安全保障的な刑法へと傾斜しているといえるのではなかろうか。市民刑法の装いにおける「平時の有事化」である。

4 憲法の平和条項と軍事法・治安法の緊張関係

　日本では，憲法に戦争放棄の平和条項があることから，刑法典に軍隊の存在を前提にした条項がないだけでなく，国家機密保護法も存在しない。国家機密保護法を制定しようとする動きは，スパイ事件の摘発や日米共同作戦態勢強化の動きが出る度に浮上するのであるが，反対運動に押し戻され，いまだ実現していない。

　憲法からすれば，日本に軍事刑法は存在できないはずだが，日米安保法体系には軍事刑法といえるものが存在する。「日米安保条約第6条に基づく合衆国軍隊の地位協定の実施に伴う刑事特別法」がそれである。そこには，施設・区域侵犯罪で1年以下の懲役又は罰金（同2条），軍用物損壊罪で5年以下の懲役又は罰金（同5条），合衆国軍隊機密探知・収集罪で10年以下の懲役（同6条）などが規定されている。

　なお，自衛隊法118条以下にも罰則規定が置かれているが，ほとんどが自衛隊員の服務規律違反への刑罰規定であり法定刑も軽い。最も重いもので，防衛出動命令違反罪の7年以下の懲役又は禁錮である（123条）。一般国民も，それらの教唆，せん動，幇助で処罰されるが，一般国民が正犯になりうるものとしては，自衛隊の防衛供用物の損壊・傷害が5年以下の懲役又は5万円以下の罰

金に処せられる（121条）などで，限られている。

　軍事法と治安法の接点をなすのが，自衛隊法が定める「治安出動」である。これには，「命令による治安出動」と「要請による治安出動」がある。前者は，内閣総理大臣が「間接侵略その他の緊急事態に際して，一般の警察力をもっては，治安を維持することができないと認められる場合に」命じることができるものである（同法78条）。後者は，都道府県知事が，「治安維持上重大な事態につきやむを得ない必要があると認める場合に」，内閣総理大臣に要請し，それを受け，内閣総理大臣が命じることのできるものである（同法81条）。治安出動は「国民に銃剣を向けるもの」との受け止めが支配層内部にもあり，これまでどちらも発動されたことはない。

　しかしながら，ソ連邦崩壊後の軍事情勢の変化を踏まえ，治安出動制度についても新しい展開がなされたことに注意しなければなるまい。それは，防衛庁と警察庁との間で結ばれた協定に端的に示されている。両者の間には治安出動に関する協定が存在していたのだが，2000年12月にその基本協定，2001年2月にはその細部協定が全部改正された[9]。それらにより，治安出動の要件がかつての「暴動」対応型から潜入破壊工作員対応型に改められ，自衛隊の役割が「警察の後方支援」から同時的支援に前倒しされた。それらとともに重大なのは，防衛庁と警察庁との「平素からの密接な連携」が打ち出されたことである。「平時の有事化」や「治安法と軍事法の融合」がここでも進行している。

V　日本における警察の構造

1　都道府県警察・公安委員会制度と中央集権的警察の関係

　自治体警察を廃止した昭和29（1954）年新警察法も，警察管理機関としての公安委員会制度を一応維持し，都道府県警察の存在を認めた。それなのに，なぜ中央集権的警察なのか。その理由は，警察組織全体として中央集権的な内部統制が可能な仕組みになっているということにある。

国家警察である警察庁を「管理」するのが国家公安委員会であるが，その委員長は国務大臣が兼ね，委員は内閣総理大臣が両議院の同意を得て任命する。国務大臣の任免権は内閣総理大臣がもっている。委員は5人であるので，両議院での同意が実質的に機能すれば多様な階層から有能な人材が選出される可能性はある。けれども，実際には，事務局機能を担うのが管理の対象である警察庁とその官僚であるため，公安委員会による警察の民主的統制は弱いものにならざるをえない。

　都道府県警察への国の統制はまず，その上級警察官僚の任免を通して行われる。すなわち，①都警察の警視総監は，国家公安委員会が，都公安委員会の同意を得たうえ，内閣総理大臣の承認を得て，「任免」する。②道府県警察本部長は，国家公安委員会が道府県公安委員会の同意を得て，「任免」する。③警視正以上は国家公務員とされ，国家公安委員会が都道府県公安委員会の同意を得て任免し，その給料は国の予算で執行する。また，警察庁の通達や訓令は，都道府県警察にも決定的な影響を与えている。

　さらに，大規模な災害または騒乱その他の緊急事態に際して国家公安委員会の勧告に基づき発せられる「緊急事態の布告」（警察法71条）と内閣総理大臣による統制（同法72条），警察庁長官の命令・指揮等（同法73条）に見られる警察は，中央集権的国家警察そのものであるといってよい。

2　警察組織法と警察作用法

　警察組織法の基本は，警察法である。警察作用法の基本は，行政警察作用法としての警察官職務執行法と，司法警察作用法としての刑事訴訟法である。いずれの作用法も，個別具体的な警察活動が遵守すべき事項を詳細に規定している。たとえば，強制でなく任意のものであるにすぎない職務質問についても，その許されるための要件を詳細に定めている（警職法2条）。警察が具体的な活動をするためにはそれについての個別的な作用法上の根拠が要るというのが，法律の趣旨である。

　ところが，実際の警察活動は，作用法に明文規定のある事項についてはそれ

を根拠にするが，明文規定のない事柄についてはそれを行うことが許されないものと解するのではなく，組織法上の組織目的ないし責務に関する一般条項を個別作用の法的根拠として援用するという形で行われている。これが最も露骨に行われてきたのが，公安警察による一般情報収集活動である。犯罪情報でも，警備情報でもない，つまり犯罪や国民の安全に直接関係のない国民生活一般の情報の収集を警察に許容する警察作用法の条項は存在しない。それにもかかわらず，警察は，警察法2条の「警察は，……犯罪の予防……その他公共の安全と秩序の維持に当ることをもつてその責務とする」という組織法上の一般条項を援用して一般情報収集活動を大々的に展開している。ここでなぜ公安警察と限定せずに「警察」としたか，また「大々的」といったかについては，政治警察について後述するところで明らかとなろう。

　作用法上の根拠を軽視ないし無視する傾向は，強制にわたらない警察活動であれば作用法上の根拠がなくとも警察の行政裁量で行うことができるという論理に支えられて，公安警察分野以外でも，広範に存在してきた。警ら警察による「巡回連絡」，少年警察による「少年補導」などはその例である。最近，厳罰主義や警察依存の風潮に応えるという形で，この傾向に一層の拍車がかかってきた。平成12（2000）年3月4日警察庁次長名の「犯罪等による被害の未然防止活動の徹底について（依命通達）」は，「現在，警察に強く求められているものは，『安心して暮らせる空間』確保のための諸活動である」として，その要請に応えるためとして出されたものだが，それを受けた平成12年3月13日警察庁生活安全局長・警察庁長官官房名の「困りごと相談業務の強化に係る実施要綱について」では，困りごと相談業務でなされる「刑罰法令に触れないが，将来，相談者等に危害が生じるおそれがあると認められる場合」の「指導・警告又は説得」の法的根拠は「相談者等の要請」と「警察法に規定されている『犯罪の予防』という目的を達成するために」それを実施するということに求められている。

3 市民警察と政治警察

　警察法の定める警察は市民警察である。警察法には,「個人の生命,身体及び財産の保護に任じ,犯罪の予防,鎮圧及び捜査,被疑者の逮捕,交通の取締その他公共の安全と秩序の維持に当ることをもつてその責務とする」(同法2条1項) および「警察の活動は,厳格に前項の責務の範囲に限られるべきであつて,その責務の遂行に当つては,不偏不党且つ公平中正を旨とし,いやしくも日本国憲法の保障する個人の権利及び自由の干渉にわたる等その権限を濫用することがあつてはならない」(同条2項) と規定されているからである。その「公共の安全と秩序の維持」も,「その他の」でなく「その他」に続くことから明らかなように,個人の生命,身体等の保護等という形で例示されたものと同列のものであると解されるべきである。「国家の平穏や社会の安寧秩序」の保護に任じるわけではない。警察法は政治警察を認めていないというべきである。

　ところが,実際の警察活動では,警察庁の内部部局として警察法の定める「警備局」の中に,「警察庁組織令」という内閣の定める政令により警備課に加え「公安課」を設け,警察法では明記されていない警備情報の収集・整理業務や政治犯罪の取締りを担当させることになっている。これにならって,都道府県警察にも公安課が設置されている。これらの公安課はその職務内容からして政治警察そのものであるといわざるをえない。

　さらに問題なのは,市民警察である警ら警察が,「警備の触覚」として,一般情報を含む警備情報収集活動を担うにいたっているということである。確かに,現在の警ら警察が行っている「巡回連絡」は,戦前の「戸口調査」とは違い,警察官の質問に答える義務はない。任意のものである。けれども,それに明文の法律上の根拠はない。そればかりか,現在の警ら警察には,各世帯の構成員の氏名,性別,年齢,勤務先などを記載する「巡回連絡カード」に加え,それら以外の重要情報と思われるものを記載し,関連事務課に提出される「注意報告書」なるものが存在する。しかも,巡回連絡の「活動重点は注意報告に値するような情報の発見・収集におかれている[10]」といわれる状況にある。

　この動きは,昭和45 (1970) 年9月の通達「都市における外勤警察の改善方

策について」(警察庁乙保発第13号)が,外勤警察活動の基本活動の1つとして管内の「実態は握活動」を挙げ,「警備の触覚」としての役割を果たすことを明確にした[11]ことにより始まった。その後においても,1989年の「外勤警察運営規則の一部を改正する規則」(平成元年5月11日国家公安委員会規則第8号)は,この方向を一層強化している[12]。2003年4月1日現在,全国で警察署1269,交番6556,駐在所7882。この規模の交番や駐在所の「おまわりさん」が公安警察の触覚としても日々活動しているのである。

　交通警察による通過自動車識別システムにより収集された個人情報,コンビニエンス・ストアーや駅の構内,街頭に設置された監視カメラにより収集された個人情報が,警察のコンピュータに集積され,利用される。そのような情報収集を警察が行う法律上の根拠は,組織法である警察法上の「犯罪の予防,公共の安全と秩序の維持」という抽象的一般的な警察の責務規定に求められてきた。「犯罪の予防」に関する情報は,個人情報に関する開示請求などの対象からはずされ,また情報の公開でも非公開情報とされてきた。したがって,そのようにして電子監視装置により収集され集積された情報が,政治警察により活用されていないという保証は,残念ながら,存在しない。

　市民警察の外装の中に政治警察がもぐりこみ,しかも政治警察が警察内部で優位を占めるような状況がある。このような法律に反する事態が法律によることなく進行している。情報機関(諜報機関)と警察は分離されなければならず,情報機関には強制権限を与えない。この原則性を今でも自覚しているのがドイツである[13]。日本でも,諜報機関である公安調査庁は警察から分離され,任意の調査権限しか与えられなかった。それにもかかわらず,実力部隊としての警察に諜報機関としての役割を果たさせている。ここに日本警察の最大の問題がある。

Ⅵ 警察とその他の情報機関との関係

1 公安調査庁

　公安調査庁は，破壊活動防止法に基づいて設置された情報機関である。オーム事件が起こった後，オーム後継団体に対する規制権限も手に入れたが，行政改革によるリストラの対象であるという状況に変わりはない。「生き残り」のために最近では，法律で認められた調査権限を超え，広く各種市民団体の動向調査にまで手を広げている。漏出した内部文書でそのことが明らかになり，日本ペンクラブなどが抗議声明を出している。

　公安調査庁の規模は，1999年で定員1688人，予算179億8100万円。それに対し，警察ではその年の東京都警視庁公安部だけで870人（なお，凶悪犯罪の取締りに当たる同刑事部の捜査一課は300人弱）といわれる。警察関係の定員（2003年度の全国総数）は27万8307人，内，警察庁：7498人（内，一般職員5036人），都道府県警察：27万809人（内，一般職員2万9077人，地方警務官599人）。地方警務官とは，一般職の国家公務員である警視正以上の階級にある警察官をいう。同年の警察予算を見ると，警察庁：2675億3800万円（国の一般歳出総額の約0.6％，前年度に比べ164億8200万円；5.8％減少），都道府県警察：3兆4297億2400万円（都道府県予算総額の6.6％，前年度に比べ166億4000万円；0.5％減少）。ただし，警察官増員のための予算部分は増加。この数字からだけでも，情報機関としての警察の大きさがわかるであろう。

2 内閣情報調査室

　もう1つ挙げるとすれば，内閣情報調査室である。それは，「内閣の重要施策に関する情報の収集及び分析その他の調査に関する事務を担当」し，「内閣情報官のもとで，次長及び総務部門，国内部門，国際部門，経済部門，内閣情報集約センター並びに内閣衛星情報センターで分担し，処理」している。法的

根拠は，内閣法と内閣官房組織令である。

その構成メンバーの出身官庁を見ると，警察からの派遣や兼任が多い[18]。ここからも，警察が占める位置の大きさがわかるであろう[19]。

Ⅶ 警察腐敗の顕在化と刷新の動き

1 続々と発覚する警察不祥事とその要因

法律によることなく巨大な権限を手に入れた警察ではあるが，そのことは他方で組織内部に腐敗を生むことになってしまう。

腐敗の要因は第1に，領収書なしで出金できることを利用した裏金作りである。公安警察の調査費，情報提供者に渡す謝礼などは，とりわけ秘匿の必要性が高いということで，空出金の対象とされやすい。この問題については，警察高級官僚であった人が自分の罪を告白・懺悔した著書を出版し，話題になったこともある[20]。

第2は，一握りのエリート官僚が25万人を超える一般警察官や職員を支配することを可能にするキャリア・システムである。上命下服の厳格な服務規律，それを担保するための監察制度。それらが上級官僚のたるみと上に物言わぬ一般警察官を生み出してしまった[21]。

第3は，「捜査の秘密」に名を借りた全体としての秘密主義である。警察のミスや不祥事を内部で処理してしまおうとする。警察に不都合な事件をもみ消そうとする。

それらの弱点が1990年代後半に一気に顕在化するにいたる。神奈川県警における一連の職務関連犯罪とその隠蔽という不祥事，1999年に起きた桶川ストーカー殺人事件や栃木県石橋殺人事件での不誠実な対応による重大結果の発生，さらには2000年はじめの新潟県警事件などである。特に新潟県警事件は，県警本部長や特別監察に赴いていた管区警察局長までが，略取監禁という重大事件が発覚したにもかかわらず温泉旅館で会食・遊興を続けたというものであった

ことから，深刻であった。[22]

　この事態に驚いた国家公安委員会は2000年3月，有識者による「警察刷新会議」を急遽立ち上げ，警察改革に乗り出すことになる。

2 警察刷新会議の提言と警察改革要綱

　警察刷新会議は平成12（2000）年7月13日に「警察刷新に関する緊急提言」を策定した。それは，(1)問題の所在として，①閉鎖性，②国民の批判や意見を受けにくい体質，③時代の変化への対応能力の不足を挙げたうえ，(2)刷新の方向として，①情報公開で国民に開かれた警察，②苦情を言いやすい警察に，③警察における監察の強化，④公安委員会の活性化，⑤住民からの相談への的確な対応，⑥警察職員の責任の自覚，⑦住民の意見を警察行政に生かすために警察署協議会の設置，⑧キャリア・システムの弊害是正のための人事・教育制度の改革など，を提言した。

　この提言を受けて，国家公安委員会と警察庁がとりまとめたのが，「警察改革要綱」（平成12年8月）である。この要綱は，とりわけ情報公開において刷新会議の緊急提言よりも大きく後退したものとなった。緊急提言は，風俗営業の許認可，交通の規制・運転免許証の発給，災害警備等の行政警察活動に関する情報については，原則として開示すること，個別の警察活動に支障を及ぼすおそれがないと認められる旅費および会議費に関する会計支出文書も原則として開示することを含んでいた。けれども改革要綱は，これらを開示対象に含めなかった。

3 警察改革の課題

　警察刷新会議の提言も，拙稿が警備公安警察について指摘した重大問題には言及していない。また，以前から指摘されていた外部監察制度の採用にも踏み切れなかった。単に住民に警察の活動を説明し，その意見要望を聴くことを制度化するにとどまっている。警察不祥事の要因である会計支出の不明朗さを克服するための情報公開もネグレクトされてしまった。キャリア・システムにつ

いても，キャリア組にも現場経験を踏ませるとか，昇任のスピードを若干緩めるといった小手先の手直しにとどまった。古くからなされていた警察官に団結権を保障すべきだという提案も無視された。

　しかし，今必要なのは，刷新会議の提言や警察改革要綱では無視ないし軽視された上記事項の実現なのである[23]。

　2003年にようやく包括的な情報公開法と個人情報保護法が制定された。しかし，残念ながら，そこにも大きな問題が残された。

　「行政機関の保有する情報の公開に関する法律」(平成11年5月11日法律42号，平成13年4月1日施行) 第2条により国家公安委員会および警察庁もその「行政文書」が公開の対象になる「行政機関」に含まれることになった。しかし問題は，同第5条第4号「公にすることにより，犯罪の予防，鎮圧又は捜査，公訴の維持，刑の執行その他の公共の安全と秩序の維持に支障を及ぼすおそれがあると行政機関の長が認めることにつき相当の理由がある情報」が「不開示情報」とされていることである。また，個人情報保護法制においても，思想・信条・病歴などのセンサティブ情報について収集禁止などの明文規定は設けられず，また，「犯罪の予防」に関する事務に使用される個人情報ファイルを個人情報ファイル簿に掲載しなくてもよいような構造になっている。これでは開示請求をすることさえできなくなってしまう[24]。警察による一般情報収集活動が「犯罪の予防」を根拠にして行われている現状を前にすると，そのような情報公開法制や個人情報保護法制には大きな問題があるといわざるをえまい。警察との関係では，すでに部分的ではあるが実現した情報公開に加え，個人情報の保護がきわめて重要になっていることを強調しておきたい。

Ⅷ　お わ り に

　1990年代の半ばまで，「日本は犯罪率が低く，検挙率が高い」といわれていた。けれども，2000年を境にして犯罪率が急に高くなり，検挙率が急に低下す

るといった状況に陥っている。この現象については慎重な分析と評価が必要だ[25]が，日本の治安や警察が大きく揺れていることは確かである。

この中で，警察は組織犯罪や外国人犯罪に対する対策を強化するための組織強化・改編計画と警察官の2万人増員計画を打ち出した。警察力の一層の増強が日本をどの方向に導くことになるのか。幸せな方向でないことだけは確かである。

人権や民主主義の実現にとって平和がいかに重要か。平和にとって人権や民主主義がいかに重要か。私たちは，20世紀に身をもって学ぶことができた。今日における治安法と警察の動向を見るにつけ，改めてそのことの重要性を痛感する次第である。

［注］

1） 日本の行政法学上の警察の概念についてはフランス法やドイツ法の影響下で形成されたものといえるが，戦後アメリカ法の影響下で行われた政府機構や警察の改革との関係で見直しが必要なように思われる。伝統的な定義の検討については，室井力編『現代行政法入門(2)〔第4版〕』（法律文化社，1995年）91頁以下および警察制度研究会編著『現代行政全集23　警察』（ぎょうせい，1985年）23頁以下など参照。

2） 杉村敏正ほか編『警察法入門〔第2版〕』（有斐閣，1981年）182〜183頁参照。

3） ただし，その権限は裁判所によるチェックや被疑者の黙秘権などにより制約されたものである点に戦後的特徴を見ておくべきであろう。田宮裕「刑事訴訟法における警察の役割」『法学セミナー増刊　現代の警察』（日本評論社，1980年）64頁以下参照。

4） この対立はGHQ内部における民政局と民間諜報局参謀第二部公安課の対立でもあったことについては，古川純「警察改革——民生局（GS）と公安課（PSD/CIS）の対立を中心に」『法学セミナー増刊　現代の警察』（日本評論社，1980年）192頁以下参照。

5） 破防法は，公安調査庁と警察とは「情報又は資料を交換しなければならない」（29条）としているが，「双方が協力して情報収集にあたることは全くといってよいほどない」（青木理『日本の公安警察』（講談社現代新書，2000年）218頁）とされる。

6） しかし，強い反対を押し切り，組織的犯罪取締りに必要だとして導入された通信傍受という名の盗聴も，実際に実施されたのは，わずかの事件，それも大掛かりなものとはいえない事件であるにすぎない，しかも，ヒット率は2割強。7割強は関係のない通信が盗聴されたことになる。この点については，生田勝義「犯罪の動向と住民の安全——犯罪認知件数の増加と検挙率の低下をどう見るか！」月刊自治研2003年10月号55頁参照のこと。なお，この「通信傍受法」が捜査段階ではじめて適用された覚せい剤密売事件

に対する東京地裁判決の事案は，暴力団幹部が，「01年12月〜02年2月，横浜市や川崎市，東京都港区の路上などで，7人に覚せい剤約14グラムを計26万9千円で売るなどした。」というものであった（朝日新聞2003年9月19日夕刊大阪本社3版14面）。

7) ドイツでの大盗聴（Grosse Lauschangriffe）に関する実証的研究に取り組んだハンス・イェルク・アルブレヒト教授が，立命館大学にて開催された国際シンポジウム「国際組織犯罪と人間の安全保障」（2003年12月12日〜13日）において，質問に対し具体的に数字を挙げつつ行った発言参照。

8) この点についての分析・検討は，生田勝義「法意識の変化と刑法の変容」国際公共政策研究6巻2号（2000年）49頁以下及び同『行為原理と刑事違法論』（信山社，2002年）15頁以下の「序論 世紀転換期の刑法現象と刑事違法論の課題」参照のこと。

9) 平成12（2000）年12月4日防衛庁長官と国家公安委員会委員長との間で締結された「治安出動の際における治安の維持に関する協定」（昭和29年9月30日の旧協定の「全部を改正する」協定）および平成13年2月1日防衛事務次官と警察庁長官との間で締結された「治安出動の際における治安の維持に関する細部協定」（昭和32年12月25日の旧細部協定の「全部を改正する」協定）。「平素の連携」という見出しのついた細部協定第4条には，「防衛庁運用局長」と「警察庁警備局長」・「警察庁情報通信局長」は，「平素から情報を交換するとともに，訓練その他の事項について密接に連携するものとする」とある。平素からの連携は，基本協定には明記されていなかった事柄である。

10) 村山眞維『警邏警察の研究』（成文堂，1990年）199頁。

11) 70年安保闘争期に強化された警備公安警察の態勢がもとに復するわけでないことの例としてこの通達を挙げるのが，広中俊雄『警備公安警察の研究』（岩波書店，1973年）321頁以下。

12) この内容については，村山・前掲注10)書206頁以下参照。

13) Vgl. Fredrik Roggan, Handbuch zum Recht der Inneren Sicherheit, Pahl-Rugestein Verlag, 2003, S. 17.

14) 公安調査庁がリストラの対象に挙げられた理由として，2000年の大嘗祭に向け自民党の中から中核派に破防法を適用せよとの要望が出されたが，結局発動できなかったことがあるといわれている。オームの大量殺人事件にも適用できなかった。人権保障との調和を図ろうとすれば，政治的治安法は実効欠損に陥らざるをえない。実効的にしようとすれば，人権を侵害する必要がある。このジレンマを免れることのできないのが，現代治安法であろう。

15) 公安調査庁の総務部企画調整室名の内部文書によると，このような調査対象団体の拡大は，公安調査庁設置法や破防法の規定との関係で問題になることは認めつつも，従来の「調査対象団体」は「これらの規程に照らしても狭すぎたきらいがある。」（角田富夫編『公安調査庁（秘）文書集——市民団体をも監視するCIA型諜報機関』（社会批評社，2001年）198頁）という。けれども，「現在までのところ暴力主義的破壊活動を行っておらず，また，将来においてこれを行うことをその方針としているか否か必ずしも明らかでない団体であっても，将来情勢次第ではそのような活動に走る可能性があると考えら

れる団体」(同上196頁)まで調査対象団体にできるのであれば,そこにはもはや限界がないというべきであろう.
16) しんぶん赤旗1999年11月29日.
17) 青木・前掲注5)書31頁参照.
18) 併任34名を含む124名中26名(1995年4月現在).角田・前掲注15)書241頁「別紙6〔出身省庁別人員表〕」参照.
19) 警察官僚がさらに在外公館や防衛庁にも出向し,また国会議員に転出し政権政党の有力議員になっていることなど,現在の日本の権力機構の中で警察が巨大な力をもつにいたっていることを指摘するものとして,自由法曹団編著『警察と市民の人権』(みずち書房,1984年)238頁以下,神一行『警察官僚 日本警察を支配するエリート軍団〔増補版〕』(勁文社,1995年)58頁以下など参照.
20) 松橋忠光(元警視監)『わが罪はつねにわが前にあり――期待される新警察庁長官への手紙』(オリジン出版センター,1984年).
21) 上に物言わぬ警察官という点についての元警察官の発言として,黒木昭雄『警察はなぜ堕落したのか』(草思社,2000年)163頁以下.
22) 警察刷新会議の引き金を引いたのが新潟県警事案であることは疑いないとするのが,北村滋・竹内直人・荻野徹編著『改革の時代と警察制度改正』(立花書房,2003年)103頁.本書は,警察制度の改正にかかわった警察官僚たちが編集・執筆したものである.
23) 同様の提言をしているものに,自由法曹団「警察の抜本的改革をもとめる決議」(2000年10月23日自由法曹団2000年富山総会)がある.なお,日本弁護士連合会も「警察活動と市民の人権に関する宣言」(1994年10月21日)を出すなど,折に触れ警察に対する改革提言を行ってきていた.462頁に及ぶ大著である日本弁護士連合会編『だいじょうぶ？日本の警察――検証警察改革』(日本評論社,2003年)はその集大成であるといえよう.
24) この問題状況は,2003年に制定された「行政機関等の保有する個人情報の保護に関する法律」においても,その11条3項や14条5号を見る限り,克服されているとはいえない.
25) この分析・評価については,生田・前掲注6)論文46頁以下参照のこと.

【付　記】
　本章は,2003年10月ソウル大学にて行われた「現代韓国の安全保障と治安法制」第4回日韓共同研究会における報告原稿に加筆したものである.故乾昭三先生は,朝鮮半島で少年期を過ごされ,敗戦により日本に引き揚げられた後,末川博先生等とともに立命館大学における平和と民主主義の教学理念の確立・発展に尽力された.法学分野で進められている日韓共同研究の成果を(その一端ではあるが,)先生に捧げることにより,平和への誓いとしたい.

■ 補　章　　　　　　　　　　　　刑法学における人権論の課題 1

治安と刑事立法
―― 安全と自由と刑法

　私のテーマは，治安と刑事立法という，つかみどころのない大きなテーマであります。これをまさに人権というものを軸にして考えたらどうなるのだろうかということでまとめてみました。

I　はじめに

　まず，「世紀転換期は激動の時代となった」ということから始めさせていただきます。まさに刑法におきましても90年代以降，新立法が相次いでおります。しかも，その対象は様々な分野に及ぶにいたっております。ここで重要なのは，このように多くの社会領域で国家刑罰の力を借りないと社会を管理できないと意識され始めている，あるいは意識されるにいたっている，こういう状況は非常に異常ではないかということであります。私は，このような状況では，単に個別の問題にとどまらずに，社会全体の異常さについての正確な認識が必要なのではないかと考えているわけであります。なぜ，このように異常なまでに刑法に頼るようになったのか。以前であれば，国民の中から，あるいは一部の者から，感情的な反応で厳罰化とか，犯罪化を求める声が上がっても，専門的な知見に基づく理性的な対応がその暴走の歯止めとなっていました。ところが，今や，理性はその権威を失墜し，直感や感情が理性による検証を経ることなく国家の刑事政策まで動かすかのようであります。これはよくいわれる危険社会とか，あるいは，そこにおける国民の不安感の高まりということだけでは説明がつかないのではないだろうか。また，9・11以後のテロに対する恐怖の高ま

りとそれに対する過剰反応ということでも説明がつかない。なぜならば，今日的現象は9・11事件の前から起こっていたからであります。また，重大事件を契機に引き起こされるモラルパニックとの見方もありうるわけですけれども，事態はもっと構造的なものになってきているといわなければいけないのではないかということであります。

II 激動の意味と刑法学の課題

そういうことで，次に「今日のこの激動の意味と刑法学の課題」ということから考えてみました。

1 時代を画する情報化への対応策

私は，まず，一番基本にある動きとして，特に1980年代，日本でこれがいろんな社会環境にまで影響し始めるのは80年代以降だと思うんですが，ME（マイクロ・エレクトロニクス）技術革新に担われた情報化というものが労働手段の質的変化をもたらしてきて，そのことが経済・社会のあり方にまで影響しつつあること。そして，この変化というのはきわめて大きな変化である。何百年に1度，あるいは産業革命を準備した以降の社会自身をも変えるような，そういうふうな非常に大きな変化ではないだろうかということであります。この変化への対し方の1つ，あくまでも1つでありますが，それが新自由主義でありました。ここでそれ以外の対処の仕方はどういうものがあったのかということですが，1つは，いわゆるソ連型の中央指令型統制経済からの脱却をめざしたペレストロイカや「改革解放」などによる対応です。これは，構造改革を進めるに不可欠な政治的指導力を維持できたところでは一応対応に成功することができたといえますが，政治的求心力を失ったところでは新自由主義に呑み込まれていきました。もう1つの方法は，特にスカンジナビア諸国，スウェーデンを中心にして展開された，いわゆる連帯的な社会福祉型の構造改革というものでありました。最後が，いわゆるアメリカとかサッチャーリズムに典型的に示さ

れましたような，いわゆる新自由主義ですね，競争と効率を最大限追求するという，そういう変化への対応でございます。

2　新自由主義と自己決定・自己責任イデオロギー

日本は1980年代にいわゆる中曽根臨調というのが始まりますが，その段階から，まさにサッチャー・レーガノミックスといわれた路線への舵取りを始めたということであります。こういう新自由主義の下で市場がもつ弱肉強食の力を利用しつつ，地球規模で強行されている社会変化，こういうものが今日の政治手法とか，法意識，これに大きな影響を与えているのではないかということであります。その中でいわゆる自己決定・自己責任イデオロギーというのが法意識とか刑法の変化に重大な否定的影響を与えつつあると考えているわけです。

3　犯罪抑止効果を証明できない，象徴的な立法，シンボルとしての立法

そのうえで，次に，このようにしてなされた刑事立法でありますけれども，その多くが犯罪抑止効果を証明できない，単なる象徴的な立法，シンボルとしての立法になっているということです。たとえば，組織犯罪処罰法でのマネー・ロンダリング規制でも，部分的には可能でしょうけれども，全体としては非常に難しい。盗聴法も，日本でも，当初いわれていたほどの効果を発揮することはできていない。しかも，その中でそういう取組みというのは単に選挙民の不安感に応えるとか，報復感情に応えるものにすぎないものになっている。つまり，いわゆるポピュリズムの弊害が刑法のところでも現れてきているのではないだろうかということです。これは，結局，同時に，人権保障とか，社会の自治能力，これをも衰退させていく，そういう問題をはらんでいる。私はそういう状況を踏まえて，これを刑罰依存症候群とでもいうべき様相だといっております。これは法的な形態としては刑法の行政法化とか，警察法化という形で現れているわけです。実は，これと同じような状況は，歴史的に見ますと，社会の大きな変動期であった絶対主義時代の警察配慮国家，これは警察福祉国家というほうがわかりやすいかもわかりませんが，警察配慮国家において見られま

した。つまり，今日の刑法現象は形態的には前近代の先祖がえり的様相を呈しているということです。すなわち，今日の刑法現象や，それを正当化しようとする刑法理論，これはポストモダンの新しい現象であり，新しい理論だという主張もあるわけですが，私はそういう主張，理論というのは，むしろ近代以前に先祖がえりをしている，非常に古くさいものであると考えているわけです。

4 自立を支援し合える連帯的で包容的（インクルーシブ）な刑法が重要に

最後に，そしたら，どうすればいいのか。結論を先取りして提起しておきますと，私としては，今日，支配的になりつつある個々人の自律を擬制した排他的厳罰的刑法，この排他的というのはエクスクルーシブの日本語訳でもってきたものですが，排他的な厳罰的刑法ではなくして，自立を支援し合える連帯的な包容的，インクルーシブな刑法が重要になっているのではないだろうか。そのためには，前近代の混迷と暴虐を克服し，人間にふさわしい刑法を確立しようとしていた近代刑法原理の意味を再確認する。その発展を図るための総合的な法政策（単なる刑事政策ではない）が必要ではないかと考えているわけです。今日の新しい理論が必要だ，そういう主張をする方は，近代刑法原理というのはもう18世紀の原理であって，古くさいというわけですが，今いったような理由から，私は，古くて新しいのが近代刑法原理であると考えるわけであります。その中身としては罪刑法定主義，侵害行為原理，責任原理。この行為原理と責任原理が結合されて，まさに個人行為責任の原則というものが出されてくるわけですね。この個人行為責任の原則というのは，まさに単独犯原則，共犯例外というものにつながりますし，さらには共犯の従属性という考え方にもつながるわけであります。この共犯の従属性，これが，まさに，今日，問題になっている共謀罪というものを，まさに市民刑法の中に取り込んでいいのかどうか，こういう問題を考える際にも非常に役に立っています。

Ⅲ　行為原理の意味とその射程

1　行為原理の位置づけ

　ところで，これまで罪刑法定主義，あるいは責任原理という問題につきましてはたくさんの検討が行われているわけですが，今言いました侵害行為原理ということにつきましては，侵害原理というのは皆さんお聞きになったかと思いますが，侵害に行為を付ける，あるいは単に行為原理ということにいたしますと，何を言ってるのかとお考えになると思います。そこで，次に行為原理の意味とその射程ということを簡単にお話ししておきたいと思います。その前に，念のためにということですが，今日の刑法学における犯罪論とそれらの原理との関連を示しておきます。誤解を恐れずに単純化していいますと，罪刑法定主義というのは構成要件論，侵害行為原理というのは違法論，責任原理は責任論にそれぞれ対応するということですね。フランス刑法学ではもっと直截に罪刑法定主義は法律的要素，侵害行為原理は物質的要素，責任原理というのは精神的要素，それぞれに対応しているということであります。加えていいますと，個人行為責任の原則というものがまさに単独犯を原則にして，共犯を例外にする。そして，行為原理というのは，まさに共犯の従属性を導き出すということからいたしますと，共犯論というものは個人行為責任の原則の展開であるべきだということになるわけです。

2　行為原理の意味と歴史性

　そこで先程の「行為原理の意味とその射程」に入っていきます。この行為原理というのはどういうものだろうかということですが，「行為原理」（これはドイツ語ではタート・プリンチプと呼ぶわけですが）とは，「社会に損害を与えた行為のみ犯罪にできる」というもので，歴史的には，有名なベッカリアの『犯罪と刑罰』とか，あるいはフランス革命期の人権宣言，特に1789年権利宣言第5条が，この原理を体現した典型例でございます。今日，よく法益侵害原理とか，他害性原理，英米法ではハーム・プリンシプルという概念がよく使われるわけ

ですが，それらはまさに行為原理の一面，つまり「社会への損害」の面をとらえるにすぎないんだということであります。それに加え，損害を「惹起した行為」も必要だというのが行為原理なのです。

行為原理というのは①違法の実質に関する結果無価値論，②作為犯原則・不作為犯例外，それから③いわゆる共犯従属性の基礎になっております。さらには④犯罪の実質に関する社会侵害性論に直結していくきわめて重要な近代刑法原則ということであります。

もっとも，こういうふうな刑法原則を超歴史的にとらえますと，様々な理解が可能になりまして，実定法批判の力がなくなってしまいます。他方，歴史的な現実だけに目を奪われますと，実際の近代法というのはそういう原理を部分的には実現できたけれども，多くは現実との妥協で棚上げにされたまま推移してきたということです。だから，超歴史的・抽象的にとらえてもだめだし，具体的な歴史に埋没してもだめだ。人類は近代刑法原理において歴史的にどこまで到達しえたのか。それが現実の矛盾の中でどこまで実現できなかったのか，こういうことを正確に分析しながらやらなければいけないということです。この点は，法学方法論として，今日ますます重要になっていると考えております。

3 実定法批判原理になりうる理由

そのうえで，次に，なぜ，こういう原理が実定法批判の原理になりうるのかということであります。行為原理には他害行為という側面が含まれていました。そういう意味で，いわゆる思想とか，人格の危険性だけでは犯罪にできないということです。最近では思想や人格の危険性をとらえて処罰しようとする形の刑法現象も現れつつというか，増えつつあるわけですけれども，そういうものを批判するということです。さらに重要なのは，行為原理の射程はそれだけにとどまらない。行為原理には社会侵害性概念が含まれているということです。注意を要するのは，その社会，これも単に抽象的なレベルだけでとらえてはいけないのであって，この社会は事実的なものと価値的・規範的なもの，つまり人権ですね，これが統一的にとらえられていたということであります。つ

まり，その社会というのは，我々生身の人間が生きている社会なんですけれども，同時に，そこに生きている人間というのは，生まれながらにして尊厳を備えた平等な人間のための社会であるというふうに解されていたということなんですね。この両方をとらえている。具体と抽象，現実と理念，この両方を統一的にとらえるというところに社会侵害性の社会概念のもつ意味があるということであります。これを統一的にとらえることによって，まさに社会侵害性の一般性，普遍性というところが出てくるわけであります。つまり，社会侵害性というのは社会の構成員すべての人権を侵害する性質があるということを意味する。すなわち，これは，現実の不平等や支配・従属を糊塗してしまう，つまり塗りつぶしてしまう，抽象化された人格の抽象化された権利ではなく，具体的に生存している生身の人間すべてに共通する権利や利益の侵害を意味することになるのだということであります。

　たとえば，個々の犯罪規定をとらえていく場合，その犯罪類型が実際の機能においてどの範囲の社会構成員のどのような利益を保護するものか，それは生身の人間すべてに共通する利益を保護しようとしている，その意味で普遍性をもっているのか。一部の者の利益のために刑法や警察を，ある意味で，ただで利用しようとするものなのか。つまり，公共性の私物化ではないのか。こういうふうな基準で現実の立法を検証できる原理であるということでございます。この原理は社会を抽象的な社会としてはとらえません。まさに生身の人間，しかも，尊厳を保障されるべき生身の人間の集まりとしてとらえられていくわけですね。

4　行為原理の射程——人権侵害を通して社会を侵害することが犯罪の実質

　そこでどういうことが出てくるかというのが，行為原理の射程です。人権侵害を通して社会を侵害することに犯罪の実質がある。抽象的な社会の侵害ではありません。社会は生身の人間の生まれながらの平等とか権利を保護するため，保障するために存在するんです。だから，社会侵害性というのは生身の人間のそういう人権侵害を通してでないと起こりえませんよという意味をもって

いるわけなんですね。これは，フォイエルバッハの権利侵害説とは，違うことに注意してください。こういう定義はあんまり聞いたことがないんじゃないかと思うんですが，ここが非常に重要なんですね。私は刑法というのは，実は，そういう性格をもっている。だから，最近，被害者保護論で，現在の刑法は被害者を保護してないといわれますが，それは誤りですね。1人の命がまさにすべての者の命として保護されている，これが刑法なんですね。これほど1人の個人，1人の被害者を大事にしているものはございません。それからあと，現代社会の特徴として，「システムによる人間疎外」ということがいわれるのですが，刑法でも保護法益としていわゆる具体的な個人の利益を超えた，経済秩序とかコンピュータ・システムの機能，あるいはコンピュータ・システムそのものとか，そういうふうなものが保護の対象とされるようになりつつあります。ただ，私は，そういうシステムが本当に法益たりうるのかという問題は，先程言ったような，生身のすべての人間にとって役立つシステムなのかどうか，そういう角度での検証が必要になるのではないだろうかと考えております。それ以外にもいろいろ「侵害対象となる社会と個人の自由，平等の関係」，「自律的人格と人間の尊厳の関係」，「単なる法益論でない人権論と違法論の結合」，「人権論，社会侵害性論と可罰的違法論の結合」というふうなことも行為原理の射程に含まれるものであります。

Ⅳ 核心刑法と広範で穏やかな介入法の理論

次に，「核心刑法と広範で穏やかな介入法の理論」についてお話させていただきます。

1 「介入法」の意味

どういうことかと申しますと，これまでお話してきましたいわゆる近代刑法原理，罪刑法定主義とか，あるいは行為原理，責任原理，こういうものを近代は実現しようとしてできなかった。現代21世紀において，人類はそれを実現で

きるんだろうかというふうに考えるわけです。しかし，それを実現していこうとすると，残念ながら，今の人類の到達点からすると，それだけではなかなかやっていけない。つまり，社会を管理できないという面が残るんではないだろうかということです。そういうこともあって，たとえばドイツのフランクフルト学派（これは社会学のハバーマスなんかのフランクフルト学派とは別物です。批判的であるということはよく似ているんですが）の刑法理論で，今言った核心刑法ということがいわれているわけですが，彼らは，同時に，広範だが穏やかな制裁しか伴わない「介入法」（インテルベンチオンス・レヒト）というものの必要性も提唱しているということです。これはたとえばどういうものかというと，最近のストーカー規制法の規制方法というのは英米流の規制方法，特にイギリスの規制方法を参考にしたと思うんですが，いわゆるストーカー行為に対してすぐに罰則を適用するのではなしに，まず，警告をやる。それから禁止命令を出す。こういう警告という手段を前置する。あるいは，できれば，こういうストーカー，単なる迷惑行為の場合は警告だけでいいんじゃないかというような考え方もあるわけです。実際にストーカー規制法の運用状況を見ますと，ストーカーだというふうに警察レベルで認定されたほとんどが，警告でなんとかおさまっているわけなんですね。解決したかどうかはわかりませんが，ほとんどが警告だけでおさまっているということであります。これを警察にやらせるのがいいのか，もっと，いわゆる社会的な福祉を担当するような機関，あるいはボランティアがこういうものを担当するのがいいのか，これはさらに詰めなければいけないわけですが，いずれにせよ，広範だが穏やかな制裁しか伴わない介入法だけでもかなりの問題が解決できるということなんですね。

2　2つの介入方式 ── 命令禁止型と個人の権利保障型

　そうはいっても介入には大きく2つのやり方があるんじゃないか。これをちゃんと整理しておかないといけないのではないかというのが私の考え方であります。
　その1つは，典型的には警察法による命令禁止型の介入ですね。個人に義務

を課し，または特定の行為態様を禁止するという方式です。

　もう1つが，個人に権利を保障するとか，付与することによって，問題を生じさせないようにする方法であります。

　たとえば，公的な権力の腐敗を防止するために公務員の服務規律を強化拡大したり，贈収賄罪の拡大あるいは刑罰強化をやるというのは，前者の介入方式ですね。しかし，これはなかなか効果を生じない。むしろ選挙民向けに政治家がアリバイづくりをするために刑罰を強化したり，犯罪をつくっているんじゃないかと思われるぐらいしか効果がない。いわゆる腐敗が起こるのは秘密にしているからなんですね。要するに，おてんとうさんの下，日なた干しにしたら，ものは腐らないわけです。それと同じように，公務の透明性を拡大していく。つまり，国民の知る権利を根拠に情報公開請求を強化・拡大する。あるいは，個人情報保護ということで警察情報を開示させる。つまり，情報公開ということですとプライバシー情報は公開できないという口実を与えますが，個人情報としてであればプライバシー情報でも開示させることができる。これは権力による情報管理や統制に伴う問題を避けるためには不可欠です。そういう点で個人情報の開示を個人情報保護法としてちゃんとやっていく必要があるんじゃないかということでございます。こういうことをやるほうが，腐敗の防止に役立つということです。さらに，たとえば，無職の少年が盛り場にたむろするのを禁止するという方法がありますが，他方で，少年の成長発達の保障を具体化するために就業機会を拡大するとか，自主的な集団活動を人的・物的に支援し，強化拡大するという方法との違いも考えられるということでございます。

　以上のようなやり方については，両方ともやったらいいじゃないかというのが一般的な考え方ですね。現実に，この両方をやって，成功を収めているところもございます。しかし，よく調べてみると，成功したのは，実は，後者のほうの方法がちゃんと機能したから成功しているというところが多いんじゃないかと思うわけです。これは最近のいわゆる談合規制なんかでも同じ問題があります。談合罪をいくら強化したって談合はなくなりませんよね。別の方法をやらないとだめなんです。このようなやり方の違い，前者はまさに権威主義的抑

圧型でしたし，後者は民主主義的人権型の違いであります。つまり，相互不信からの不安・恐怖に基づく防犯活動優先型と人権ベースの連帯による住民自治拡充型，この対立であるということもできるわけです。私は21世紀の課題は後者の確立，発展にあると考えております。

100年以上前に有名な刑法学者であるフランツ・フォン・リストが，「最良の刑事政策は社会政策である」と喝破しました。しかし，私は，21世紀の課題は，「最良の刑事政策は人権と民主主義の発展である」。こういうふうにいうべきではないかと考えているわけです。

V　治安と刑法の関係

しかし，残念ながら，今日，特に世紀転換期に顕著になった刑罰や警察への依存を強める風潮というのは，人権としての，あるいは人権である自由を形骸化するものであるとともに，その根拠とされる国民とか，市民とかの安全という概念は，「安全」という近代的人権とはかけ離れたものになりつつあります。また，その厳罰化思想，あるいは，それを受けた政策は人間の尊厳をも否定するものになりつつあるといわざるをえません。そういうことで，一番最初に述べましたように，人権ベースの治安とか，刑事立法，法政策のあり方を構想することが重要になっていると考えるわけです。

1　市民刑法とは何か——人の生命身体に対する安全とそれを維持する社会管理機構・作用の保護

そこで，まず，「市民刑法とは何か」。皆さんにとっては釈迦に説法でありますが，話の順序で簡単に触れさせていただきます。ここにいう市民刑法は，近代法理念に照らし抽出したものであります。そういうものとしての市民刑法は，「人の生命・身体に対する安全と，それを維持するために必要な社会管理機構・作用への侵害・危険を惹起した有責な行為を処罰するための法」であるといっていいでしょう。

こういう刑法の基礎にあるものは何か。これはまず，近代的人権宣言で人権の一種とされた安全ですね。この安全というのはフランス革命期の人権宣言に人権の一種として宣言されているわけです。それに加えるに，自由という人権です。これも単なる人身の自由とかいうものではなく，まさに自由そのものが人権として保障されているわけです。その中身は「他人の権利を害さないすべてをなすことができる」ということですね。しかし，この自由概念につきましては，日本の憲法学ではあまり紹介されていないこともあり，刑法学者もほとんどこれを理解しておりません。そのせいで，なぜ不作為犯が例外なのか，なぜ，侵害原理が必要なのか，人権との関係で説明できない人が多いわけですが，人権との関係で説明しようとすると，この自由がある。それからあと，侵害行為原理があるということなんですね。

それから次に，近代というよりは，むしろその前の近世の啓蒙思想から確立され始める人間像ですが，いわゆる理性的存在としての人間という，人間像です。つまり，人は理性的に行為できてはじめて責任を問われるという考え方であります。他方で，この理性的存在とともに近代の人権宣言は，実は，人は生まれながらにして自由で平等な存在であるという理念を掲げていたということですね。理性をもたない人間も人だということでございます。この両者をどう統一させるか。つまり，責任原理，帰責原理，責任原則と，人間である限り尊厳をもつ人権主体であるということとの関係ですね。これが最近のいわゆる心神喪失等によって他害行為をやった者の処遇をどうするかというふうな問題の人権論からする理論的基礎ということになるわけですね。

2 治安とは何か——治安と公共の安全の区別

次は「治安とは何か」という問題でございます。まず，治安の意味ということをお話しします。治安とはなんだろうか。広辞苑を見てみました。「国家が安らかに治まること。社会の安寧秩序が保たれていること」。こういうふうに定義されておりました。この意味の治安，これは英語でいうとパブリック・ピースですね。しかし，これはパブリック・セーフティ，いわゆる「公安」とは区

別されるべきではないか。パブリック・セーフティというのは公共の安全，すなわち，不特定多数人の生命・身体の自由・財産の安全を意味するわけであります。これはまさに生身の人間の具体的な安全，つまり，個々人の生命・身体の自由，財産の安全が守られているということであるということですね。戦後初期の占領期に用いられた公安の意味，これは占領軍側の文書が残っているわけですが，公安に対応する英語は何だったかと見ると，パブリック・セーフティなんですね。パブリック・ピースではないのであります。もっとも，その後の公安警察という形で使われた公安というのは治安と同じ意味で使われるようになってしまうという問題が残りました。この対比でいきますと，いわゆる，治安というパブリック・ピースは，これはまさに生身の人間の具体的な安全とは切り離された単なる社会の平穏の保持ということになりますので，こういうものは市民刑法の課題にはなりえないということです。これはせいぜい行政法，警察法の管轄に属する事項であるにすぎないということです。

　もっとも，市民社会が成熟するにつれまして，日本でも，個人を超越した国家・社会という観念，これは通用力を弱めました。そういうことで，個人の安全を保護するために国家社会の平穏秩序を保護するのだとか，あるいは，単に住民や市民の「安心」とか，「安全感」を保護するという説明に変わってまいりました。最近の警察白書などでもこういう説明ですね。けれども，権力作用を強化拡大するための理由として安心とか安全感を持ち出さざるをえないというのは，逆にいいますと，具体的な安全は一応保たれているということであります。警察白書あるいは犯罪白書が安心感とか，体感治安とか，そういう言葉を使わざるをえないということは，やっぱり，現実を知っている者，専門家は，国民の具体的な安全そのものが非常に危機にさらされているとは恥ずかしくて言えないからだと思うんですね。

3　今日の犯罪状況をどう見るのか――体感治安の悪化というのはメディアによってつくられたもの

　実際，今日の日本における犯罪状況や国民の意識調査からも上の見出しのよ

うにいうことができるんじゃないかということであります。今日の犯罪情況をどう見るのかということにつきましては、『月刊自治研』(2003年10月号)に、「日本の犯罪発生傾向と検挙率の動向」という小論を書いておきました。これを読んでいただければわかるわけですが、全体として日本の犯罪現象というのはまだ危機的な状況を迎えていない。諸外国に比べると、まだまだ非常に安全な国だといえるわけでございます。たとえば、凶悪犯罪が急増しているじゃないかといわれるのですが、その中身は強盗の急増なんですね。もっとも強盗をどこまで強盗とするか。昔だったら、単なるひったくり、たとえば、オートバイで後からついて行って、無理矢理ひったくるというふうな場合、それはほとんどが窃盗で落とされていました。しかし、そのひったくりの中で、ちょっと被害者が抵抗したような場合は強盗にされているんじゃないかとか、そういう基準の変化があるんじゃないかという指摘も行われているわけです。強盗罪が統計では非常に増えているんですが、実態はどうかということについては意見の対立があるところでございます。それ以上に、凶悪犯罪中の凶悪犯罪であるのは、殺人ですが、これは犯罪率、犯罪件数とも安定的に推移しているということであります。簡単に言いますと、新聞報道あるいはテレビで喧伝されるほど日本の治安は悪化していない、安全は悪化してないといわなければいけないんじゃないかということであります。それを国民意識との関係で見たらどうなるかというのが、朝日新聞の定期国民意識調査であります。資料としては、「本社定期国民意識調査」(朝日新聞2004年1月27日朝刊大阪本社13版) がございます。これを見ると、確かに、この時期の国民は犯罪に対する不安を非常に強く抱いておりますね。これは、その当時、どういうマスコミ報道があったのかということにかなり影響されているわけです。たとえば、「子どもを連れ去られる犯罪についてはどうですか」。「大いに感じる・ある程度感じる」が70％になってくるとか、「強盗や殺人など凶悪な犯罪についてはどうですか」。「大いに感じる・ある程度感じる」、けっこう高いんですね。それから、「20才未満の少年や少女による犯罪についてはどう感じるか」、「外国人についてはどう感じるか」、これもけっこう高いんですね。しかし、「暴力団による犯罪についてはどうです

か」は「大いに感じる」が21％であるにすぎません。それに対し，少年による犯罪については「大いに感じる」が42％なんです。組織犯罪対策が，当局によって喧伝される中でもこういうデータがあがってくるということであります。私がここで特に指摘したいのは，実は，次のようなデータです。

「あなたは日本の治安が 5 年前に比べて，よくなったと思いますか，悪くなったと思いますか，それとも特に変わらないと思いますか」。「よくなった」，これ，さすがに 1 ％しかないんですが，「悪くなった」は81％までいくんですね。これは大変だなと思って，次の項目を読みますと，「では，あなたの住んでいる地域の治安が 5 年前に比べてよくなったと思いますか，悪くなったと思いますか，それとも云々」，「よくなった」は 4 ％，「悪くなった」が33％ですね。日本全体では81％が「悪くなった」というんですが，身の回りだと33％だということなんですね。33％もあるというのは問題だというふうにもいえるわけですが，やっぱり50％のギャップですね，これはいかに今日の体感治安の悪化というのがメディアによってつくられたものであるかということの 1 つの例証ではないかということでございます。このデータ，結構おもしろいのですが，今日はこれぐらいにしておきます。

4　刑事法強化拡大・威嚇と監視で犯罪抑止力はあるか

今日問題にされている体感治安は，人々の意識の問題ですが，そもそも安心とか安全感，これを警察や特に刑事法の強化拡大で達成することはできないというべきでしょう。刑罰による抑止とか警察による監視というのは，発見逮捕される蓋然性が大きい場合に犯罪防止につながるけれども，そうでない場合とか，逮捕処罰覚悟の行為にはあまり効果がないからです。

最近のいわゆる凶悪・重大犯罪の重罰化を推進する論者たちは，この間の危険運転致死傷罪とか，あるいは道路交通法の厳罰化が飲酒運転事故を急減させたじゃないかと。やっぱり刑罰威嚇というのはかなり効果があるんだということを，いろんなところで述べています。ところが，残念ながら，それへの反論というのはあまり行われていないのですね。この間の2004年 5 月30日ですか，

NHK衛星第1の番組「ディベートアワー 犯罪とどう立ち向かうか」で，犯罪対策をどうするのかというディベートがあったわけですが，そのときも前田雅英教授がこの論拠を出したことに対して，犯罪統計の専門家といわれる人もなかなかそういうことに反論できてない。その反論を私が素人ながらやってみようということでございます。その内容は，本書の**第3章**で詳しく展開しておりますので，それをご覧ください。

そこから何を読み取るかということですが，これはまさに直接に取締りできるところでは刑罰威嚇も抑止力をもつ。もっとも，それが自由刑である必要はない。死刑である必要はないということですね。庶民にとっては30万円の罰金を，同乗者あるいは飲ませた者と併せて，たとえば，3人分90万取られるのはかなわんということでも，0.25mg以上の酒気帯び運転への抑止効は出てくるということであります。しかし，酔っぱらいまでは抑止できない。0.25mg未満も抑止できないということなんです。たとえば，強姦とか，殺人とか，傷害とか，強盗とか，これは刑を引き上げても抑止効はない。これは従来から専門の学者はいってきたんですが，専門でない学者は「あると思う，あるんじゃありませんか」という発言をするというわけですね。この危険運転致死傷罪のデータからは，強盗にしても，殺人にしても，ああいうことで，刑を引き上げて抑止効が出てくるというのは夢物語であることがわかります。それでは，何が抑止するのかということになると，やっぱりそういうことはいけないですねという社会的な取組みですね，社会的な運動です。これがない限り規範意識は涵養できないということです。

5 監視に効果はあるか

それとあともう1つ，監視がどれほど効果がないかということにつきましては，監視カメラの犯罪抑止効果に関する研究成果を分析した，英国の「ホーム・オフィス・リサーチ・スタディー252」に載った研究成果がございます。これは[Home Office Research Study 252]ということで，インターネットのウェブサイトで検索していただきますと，全文出ておりますので，読んでいただけ

れば結構であります。これはアメリカと英国の先行研究46件から非常に厳格な方法論的基準で22件を選び，分析したものでございます。その結論は，全体として，現在ある最良の証拠からすると，こういう監視カメラは少しだけ犯罪を減少させることがわかったというものですね。この監視カメラが最も効果的なのが，駐車場での自動車犯罪，自動車窃盗であるけれども，公共輸送機関や町の中心部における犯罪に対してはほとんど効果がないか，まったくないということが示されているということでございます。監視カメラをやった地域，時間は犯罪が行われない。しかし，それに慣れてくると，覆面してやり出したら効果がない。監視カメラのところで犯罪が減っても，周辺部に拡散される。これは頭で考えただけでもわかることですが，そういうことが実証的な研究によっても明らかにされているということです。

それにもかかわらず，処罰される者に非常に大きなダメッジを与える，あるいは処罰される者だけじゃなしに，周りの人にも非常に大きなダメッジを与えるような重罰化をなぜ進めるのだろうかということですね。

6 市民刑法の任務——人権としての「安全」と「自由」

この市民刑法の任務ということに入らせていただきます。市民刑法の任務は，まさに人権である「安全」を保護することですが，その保護はあくまでも，人権である「自由」と統一させられなければいけない，安全を超えて治安まで刑法で保護しようとすると人権である自由を侵害してしまうということであります。特に峻厳な作用をもつ刑罰によってある法益を保護しようというわけですから，いわゆる他人を害さない限り，すべてをなしうるという自由ですね，これとの衝突は許されないということになるわけであります。もし，その自由の限界を超えるような刑法になるとすれば，それは市民刑法ではなく，治安立法であるといわざるをえません。

7 問題解決の手抜きに刑事法強化が使われている

次が，「刑法に関するプリマ・ラティオの論理と帰結」です。刑法はウルティ

マ・ラティオであるとされてきたにもかかわらず，最近，厳罰化論が出てきます。なんでも刑法に頼ろうとします。なぜか。善意の人もいるんですが，多くの場合，特に業者規制の問題とか，公的な腐敗規制の問題とか，あるいはさらにいうと，いわゆる社会的に弱い立場に置かれている人たちの保護のための規制，これを主張する際，結局，本当の問題解決につながるような肝心のことをやらない，あるいは，手抜きするための口実であることが多いということであります。DV法もそうだったと思います。ストーカー規制もそうです。心神喪失等によるいわゆる他害行為をやった人に対する対応もそうですが，それから，今度，人身売買罪の問題が出てきますが，私は，人身売買は刑罰で規制したってたいしたことはできないと考えています。今，たとえば，騙されて，あるいは甘い言葉で日本へ連れてこられて，半強制的に売春させられているような女性の救済は刑罰でできるかというと，できません。いわゆるオーバーステイの人たちが騙されて，たこ部屋みたいなところへやられて，これを解決するためにはどうすればいいか。これ，刑罰で片づく問題ではないですよ。そこのところがどれだけやられているか。難民保護の問題でもそうですね。要するに，入国させない。入れても手当てをしない。この状況を放っておいて，刑罰やりますよ，刑罰やってから後，手を打ちますよ，この論理なんですよ。あらゆるところでこれが出てきているということですね。これをどう打ち砕いていくかということでございます。

VI 刑事立法の活性化論に対する若干の疑問

1 被害者保護論について

最後に，「刑事立法の活性化論に対する若干の疑問」ということについてお話ししておきたいと思います。その1つが，凶悪犯罪の急増による国民の不安に応えるための刑罰権の強化・拡大という論拠ですが，これについてはもうお話ししました。ここではもう1つの「被害者保護論による厳罰要求」について検討します。これは非常に強く出ておりますし，影響力も大きい。学者の中で

もこういわれると，なかなか反対できないというところがあるわけですね。これについてはほかのところに，私，書きましたので，簡単に読むにとどめます。「被害者保護論には2側面がある。1つの側面は，現在，日本にある官僚刑事司法批判の側面です。もう1つは厳罰化要求の側面」です。一番の問題は，厳罰化要求のところにあるのではないかと私は考えております。特に，この厳罰化要求のところで出てきている議論を見ますと，議論の射程が非常に狭くなっているということです。第1に，この厳罰化要求はまさに問題を被害者対加害者という狭い人間関係に限定しがちである。しかも，そこに固定しがちです。したがって，人間が社会的にもつことのできる豊かな発達の可能性とか，犯罪の社会性が軽視されているということであります。ここから本当の意味での対策は出てこないのではないかということですね。第2に，被害者支援の総合的対策が遅れている。被害者が抱えるトラウマからの解放への援助は，本当は粘り強い総合的な取組みにならざるをえないわけですけれども，ここへの対応が遅れているのではないかということでございます。これはまさに人身売買問題，難民問題等々，全部についていえることであるわけですが。

2 犯罪厳罰化政策と政治のポピュリズム

あと「犯罪非行対策が選挙公約になる政治状況」についてですが，なぜそういうことになるのでしょうか。今日，時代閉塞状況といわれる中で，不確実性の時代だともいわれます。なぜ不確実といわれるのか。要するに，展望を示せない。変革の展望を示せないということなんですね。こういう中で，まさに政治が先導して政治の力で直接社会問題を克服するという構想を示すことができないわけであります。まさに個々人の自助努力に頼らざるをえない。特に，新自由主義を基礎にした政治ということになりますと，弱肉強食のジャングルの掟の貫徹を阻んできた法制度を緩和・撤廃するということしかないわけですね。しかし，そこで勝者になるのは少数のみであります。激烈な競争からの不安にかられながら，そこから抜け出す展望をもてないでいる多数の選挙民。この選挙民にどうアピールするかということになると，まさに競争による不安に

脅えている，そこから身近な安全に対する不安に敏感になっている多数の選挙民の感覚，感情に訴えるスローガンが必要になる。これがまさに犯罪対策，厳罰化ということでございます。これはアメリカでは1994年に共和党が，いわゆる「アメリカとの契約」という形で犯罪の厳罰化を選挙政策に出してきました。この中身はもうすでにご存じかと思います。これについてはフランツ・リクリンという人の「コモンセンスの死——現在のアメリカ刑事政策についての批判的見解」の「抑止と威嚇，飛び抜けた特徴」という中で紹介されています。「1994年の共和党選挙政策，コントラクト・ウィズ・アメリカ。中身は，死刑を現実のものにする。上訴を制限する。銃器による犯行は例外なしに最低10年監獄に入れる。平均して宣告刑の3分の1の執行ですんでいたのを刑の大部分の執行を要求する」こういうふうな中身の選挙政策を出してくるわけです。

　日本でも，最近，少年非行への対策とか，犯罪対策を選挙公約に載せる政党が現れ始めています。イギリスのブレア政権は，雪崩を打った勝利を収めたわけですが，ブレアが雪崩を打って勝利を収めた1つの理由は，タフ・オン・クライム政策。つまり，厳罰化政策を掲げたからだというふうにいわれているぐらいです。いわゆるポピュリズムの問題ですね。これが1つであります。

3　犯罪厳罰化の合理化論の特徴

　厳罰化を合理化する理論もあります。最近の例として法制審の「凶悪・重大犯罪関係」部会での重罰化推進論者の主張が挙げられます。つまり，重罰化は国民の正義観念に応えることであるとか，国民の規範意識に応えることであるとか，あるいは，こういう要求がある中では国民へのメッセージをすることが必要である。このメッセージをすることによって犯罪をも抑止できるんじゃないか。こういう主張です。

　しかし，この主張には大きく2点，問題がある。1つは，①理性による検証が行われているのかということですね。これについてはいろいろいえるわけですが，今日の厳罰意識が人間や社会のあり方として展望のあるものなのか，つまり，世界の平和とか人類の福祉を実現していく方向のものであるのか，この

丁寧な検討があってはじめて正義観念とか，規範意識といえるはずなんですが，ここの検討がなおざりにされているということでございます。

それから，もう1つ，②規範意識に応えるメッセージを送ることで犯罪予防を図る，こういう含みがあるんですが，これについては先程言いましたように，刑法典の刑を引き上げたって抑止効はありませんよということですね。それからあと，一般人の規範意識を満足させ，強化するんだといっても，先程の酔っぱらい運転に対する重罰化の例からわかるように，そもそも規範意識が弱かった者に対しては，いくら刑罰を強化したって同じですよということであります。だから，効果のないこと，しかし，逆に，いかに違法行為をやったとはいえ，生身の人間に非常に大きなダメッジを与えるそういう厳罰化を進めることがどういう意味をもつのかということであります。

次に，最近，行刑改革会議の提言が行われました。委員には専門家も部分的に入りました，素人である委員がはじめて刑務所の塀の中を覗いて，いろいろ調べて，非常にすばらしい提言を出されたと思います。今回の重罰化提案はこの行刑改革会議提言と矛盾している。推進論者は，矛盾しない，両方やるんだというふうにいうんですが，やっぱり矛盾している。特に人間観とか刑法観において完全に矛盾しているということなんですね。行刑改革の理念はまさに受刑者の人間性を尊重し，真の改善・更生及び社会復帰を図るためとか，人間としての誇りや自信を取り戻す，こういうことを理念として掲げました。しかし，今回の重罰化提案には，いかに犯罪者といえども人間性を尊重されるというような，こういう人間観はないといわざるをえません。もっとも，行刑改革会議の提言自身がそのような理念とか，それに基づく改革は国民の意識と衝突せざるをえないということを危惧し，国民への丁寧な説明を要求しておりました。まさにここで危惧された意識が，「凶悪・重大」犯罪重罰化法案が依拠しようとした国民の正義観念，国民の規範意識というものではないかということですね。ここの矛盾を徹底的に批判しなければいけないのではないかということです。

4 厳罰化が先行した米国の状況はどうか

次に，厳罰化が先行した米国の状況はどうかということです。米国は非常に異常な状況にあるということでございます。今，受刑者が全体として200万を超えたという状況です。2002年末，人口10万人当たりの刑務所収容率が700に達したというんです。カナダとか，フランス，イギリスは，だいたい100から120，30のところであります。スウェーデンとかの，いわゆるスカンジナビア諸国とか，デンマークは50から65ぐらいです。日本は50弱です。日本は非常にそういう意味では社会復帰を重視した行刑をやってきたわけです。いかに異常かという状況は，先程のリクリンさんの「コモンセンスの死」というところで紹介させていただいております。

ところで，アメリカでも，実は，ごく最近，アメリカ内部からする論評として，Michael Tonry の "Thinking About Crime: Sense and Sensibility in American Penal Culture" という本が出ました。トンリーさんというのは結構影響力のある方のようなんですが，彼自身がアメリカがいかに異常かということを明らかにしつつ，こういう異常な状況でも問題が解決できていない。つまり，厳罰主義が非常にコストの高くつくものになり，残酷なものになる。そして，今，アメリカは犯罪が急減しているわけですが，実は，この厳罰化の効果によって減少しているのではないということが指摘されています。その中ではまた，アメリカでも部分的にこの異常さを克服しようと，あるいは，変えようという動きが出てきているということが紹介されております。

Ⅶ 厳罰化論の人間像・社会像

1 自律を擬制した排除型厳罰主義

最後が，「厳罰化論の人間像・社会像」です。これが非常に重要なのですが，いつものとおり，時間がなくなりました。詳しくは，本書の第1章を参照してください。厳罰化論の人間像・社会像としては，まず自律を擬制した排除型厳罰主義を支える人間像・社会像としてとらえられるのではないでしょうか。こ

こで重要なのは，まさに自己決定・自己責任論なんですね。これは新自由主義の中心的人間像になっております。ここではあたかも，自己決定できるから自己責任だとか，おまえには選択の自由があったのだから，結果に責任をとれといっているような感じを受けるんですね。しかし，実際には自己決定が擬制されてしまっているということであります。その論理はどういうことになるか。これには学者も騙されてしまうんですね。現実に刑法理論のたとえば未必の故意論で「規範主義的な構成」というのが有力になっているのですが。そういう中では刑法学者なんかにもけっこう影響を与える論理であります。それはどういうことかというと，人間は自己決定「できる存在」だから自己決定すべきであるという論理です。これは自己決定「できた」から自己責任だというのではないんですね。抽象的に人間というのは自己決定できる存在であるという思いが出てくるんです。したがって，具体的な問題を考える場合，出発点は，この人たちは自己決定できるはずだ，自己決定できるという推定から出発するんです。したがって，たとえば人身売買の問題にしても，実態をちゃんと見ないで，人身売買というその局面だけとらえる，あるいは児童虐待という局面だけとらえると，これはその行為者ができたはずだということから出発するものですから，厳罰化で対処できるんじゃないか，こういう議論になってしまうわけです。この論理でいくと，実は，12才の子どもであろうと，精神障害者であろうと，同じなんです。だから，アメリカで12才の子どもを刑事罰の対象にしようとか，そういう議論が出てくる。法律の専門家であっても「規範主義的な構成」に迷い込んだ者はもう抵抗できない。その論理は今言ったことです。それがまず1つ。

2 犯罪がもつ社会性，人間がもつ社会性は棚上げに

そこで，先程もちょっと言いましたけれども，自己決定を擬制することになってしまうと，犯罪についても行為者個人だけの問題にしてしまう。つまり，登場する人間関係は加害者対被害者という構造に単純化されていくということになります。これは今，厳罰化を支える議論のところではあらゆるところで登

場してきている構造でございます。つまり，犯罪がもつ社会性，人間がもつ社会性，こういうものは棚上げされてしまっているということですね。

　一般の人が厳罰化すべきだと考えるのはなぜでしょうか。一般の人はどうかというと，今，新自由主義の諸政策によって，上から競争を組織され，バラバラにされ，自己決定・自己責任を押しつけられているわけですね。その中でみんな必死に生きているんです。そういう必死に生きている人を攻撃するとは何事か。犯罪で痛みつけるとは何事か。怒りを覚えるわけです。それはある意味で当然ですね，そういう状況に置かれたら。つまり，社会的連帯から出てくる人間としての精神的ゆとりや寛容さを失っている中では，犯罪の社会性に目を向ける余裕もなく，厳罰により癒しを求めるということになるわけですね。しかし，それで人間としての心の安らぎを得られるわけではないわけであります。

3　自己決定や自律的人格という精神的な法益の保護

　さらに，先程の論理の延長ですが，抽象的な自己決定論が自己決定思想とか，人格の自律性に人間の本質，つまり人間の尊厳を求める思想と結合したらどうなるか。これは，いわゆる弱者保護論とか，女性保護論，子どもの保護論，そういうようなものにも実は関係していくことになるわけですが，このような思想によると，犯罪，とりわけ人身犯罪，これは生命や身体の安全，身体的自由，今度また，身体の自由に対する犯罪の厳罰化問題が出てきているようですが，身体的自由という物質的なものへの攻撃だけでなく，自己決定や自律的人格という精神的な法益に対する攻撃，侵害が含まれるということになってくるわけです。そして，この自己決定保障の重要性が増す中では自律的人格という精神的法益の重要性も増してくる。この自己決定や人格の自律性，これはもともとは権力からの介入を排除する権利だったんですね。そこに権力が介入するなという要求だったんですが，最近の主張は，その自律性を権力によって積極的に保護してもらおうというものになっています。保護してもらうということは，それを侵害する者を処罰してもらおうということです。こういう方向にき

ているのが今日の特徴ということであります。

　ここまでくると，本当は刑法問題を考えるうえでは他のいろいろな要因を考慮しなくてはいけないわけですが，往々にして，自己決定論者は，まさに行為者と被害者という非常に狭い範囲でしか問題を見ませんので，他の要因を全部切り離してしまう。そうしますと，その行き着く先というのは生命とか自由に対する犯罪に対する刑罰を引き上げるべきだということになってくるわけです。ただ，自律性を重視するという考え方に立っても，犯罪者にも自律性があるんだから，全体として刑罰強化にはならないんじゃないだろうかと。つまり，被害者も人間としての価値が高まっているのだけれど，犯罪者のそれも高まっているはずだから，刑罰強化にはならないのではないか，このように考えるかもしれません。しかし，実際はそうではないんですね。自己決定論からいきますと，実は，犯罪者は自律的に他者を侵害しているわけです。つまり，自律性はここでは責任強化，刑罰強化として機能するということです。これがまさに自己決定思想が支配的になるにつれて厳罰化論が刑法学者の中からも抵抗されなくなってきたという理論的理由になっているのではないかということです。

4　人間の尊厳を人格の自律性に求める考え方は一面的

　しかし，私はそういう人間の尊厳を人格の自律性に求めていく考え方は一面的で，もっと強くいうと，誤っているんじゃないかと考えているわけであります。人間の尊厳というものは人間であるということそのものから生じてくるものだ。まさに人間は生まれながらにして尊厳をもって，自由で，平等である。尊厳をもっている存在なんですね。ここのところは現代的に発展させていく必要があるんじゃないか。つまり，人間はどういう状況に置かれても，つまり，瀕死の重病であろうと，意識を失った段階であろうと，自由に処分できるものではないんだ。他の目的の手段にすることの許されない存在である。そういう意味で人間の存在を，尊厳というものをとらえていくべきではないかということでございます。こういうふうにとらえることによって厳罰化による新たな人間のダメージを避けることもできるんじゃないかということであります。それ

からまた，今日，嫌悪感からの保護を要求して厳罰化を進めるという動きもあるのですが，こういうものの行き過ぎからも解放されるのではないかということであります。

5 「自己決定・自己責任」論と「敵味方刑法」論

これが一番重要な問題なんですが，「自己決定・自己責任」論と「敵味方刑法」論との関係です。「自己決定・自己責任」論によると，結局，人間というのは自己決定できる存在なんだというふうな前提があるから，そういう理性を備えた重大な責任を引き受ける存在である者が他人を害した。これは重罰だと。「敵味方刑法」論は，それを越えて，犯罪者は社会の敵だという発想なんですね。この理論の提唱者であるヤコブスという人が日本へ来て，いわゆる「敵味方刑法」について講演してくれました。そこで彼が言ったのは，実は，敵味方刑法という考え方は，近代の社会契約論，特にルソーとか，カントの考え方からすると当然なんだというんですね。カントは，応報刑論で，しかも，死刑囚は，国家が崩壊するときには，崩壊する前に殺してから崩壊せよというそういう厳格な応報刑論を主張した方であるわけです。ちなみに，ドイツでは社会契約ではなしに国家契約という言葉を使うわけですね。それはドイツ的な特徴です。その社会契約のところで，人間はまさに自由とか権利を守るために，そのすべてを社会に投げ出して生存を確保しようとしているんだという，そういう社会契約論をとりますと，まさに，その契約に反して他人を害したような人たちは存在自身が社会の敵になってしまう。つまり，社会契約による保護から自ら離脱した，そういうことになってしまうわけですね。しかし，同じく社会契約論でも，ロックとか，特にベッカリーアの社会契約論というのは，まさに自分たちの自由とか権利を万人対万人の闘争の中で台無しにしてしまわないために，自由の一部を提供し合って社会をつくったんだと，こういう考え方になりますと，社会契約に反して他人の権利を害してしまったとしても，まだ人間としての自由は残るわけですね。人間は残るわけなんですよ。だから，こういう論理からすると，犯罪者といえども社会の敵にはならない。しかし，社会契

約論からすると，犯罪というのは社会に敵対する行為であることは確かなんですね。したがって，近代刑法は行為原理を出してきた。つまり，犯罪は行為であるといったんですね。このもつ意味の大きさですね。犯罪は行為として社会に敵対するんですよ。しかし，犯罪者は社会の敵ではありませんよ。この論理をベッカリーアとかロックの社会契約論は含んだ。そして，近代刑法の理念はまさにベッカリーアとかロックの延長できたということであります。

次に，そうはいっても，なぜ自律性をもった者がやったら，敵にまでおとしめられてしまうのかということなんですが，そういう発想をやるというのが，まさに自律的人格，理性的な人間，理性的なことにおいてのみ人間は人間の尊厳をもつんだという発想があるからだと思うんですね。人は人たる以上尊厳をもつんだという発想にあれば，その人が何をやろうと，人としての尊厳は引き続きもつんだと。社会の中で全体でそれを解決していくんだという発想になるはずなんですが，自己決定・自己責任論が人格の自律性論と結びついてしまうと，そういう厳しい人間観になってしまうんではないかということです。

Ⅷ　おわりに

1　総合的な都市改良政策こそ犯罪減少の効果的施策——ニューヨーク市の経験

最後に，「終わり」にということで，最近，厳罰化の根拠としてニューヨーク市長のジュリアーニがいったタフな治安政策，特に「壊れた窓の理論」とか，ゼロ・トレランス，これがよく引き合いに出されます。しかし，ニューヨークで成功したのは，なにもああいう政策があったからではないんです。もっと総合的な都市改良政策を行ったからだということであります。その中身についてはあまり紹介されていないのですが，『リーダーシップ　ルドルフ・ジュリアーニ』（講談社，2003年）という本であります。この本の最後に付録として「改革前と後」が収められております。ジュリアーニがやったのは治安対策だけではありません。それ以上に経済開発，社会政策，文化，児童福祉，それから教育の問題ですね。常勤講師の給与改善など，こういうふうなためになる取組みを

やったということであります。後で読んでいただくとわかりますが，これだけの総合的な政策を打てば犯罪が急減するのは当たり前ということですね。逆にいうと，これをやらないと，いかにゼロ・トレランスをやっても，タフ・オン・クライムでやっても，犯罪は減らないということでございます。

2 人権と民主主義の発展こそが鍵

　最後に，私は，21世紀は「破れた窓の理論」というのではなく，まさに「開いた窓の理論」でいくべきじゃないかと考えております。この開いた窓の理論，実は，ムーア監督の「ボーリング・フォー・コロンバイン」で紹介されたカナダではよく似たような取組みがあるようであります。そういうことで，厳罰化をどうとらえるのか，治安をどうとらえるのかということについて，まさに人権と民主主義の発展こそが鍵であるということを最後に言わせていただいて，かなり時間をオーバーした話を終わらせていただきます。どうもご静聴ありがとうございました。

■補 章　　　　　　　刑法学における人権論の課題2
行為原理，社会侵害性論，自由と連帯

I　はじめに

　世紀転換期は激動の時代となった。刑法においても同様である。このような激動期において，これからの刑法のあり方を論じるうえで重要なのは，刑法の原理，原則をどうするかという問題であろう。

　私は，刑法の犯罪抑止力，とりわけ予防力はきわめて限られたものである，いやそれに頼るとかえって問題を深刻なものにするだけだ。逸脱などの社会問題への対処は安易に刑法に頼るのでなく，頭と体を使って一人ひとりの力を引き出し生かすことのできる方策を生み出すべきだ，そのほうがはるかに効果的だと考えている。刑法の守備範囲は限定的なほうがよい。国家，社会の正統化根拠により正統化できる範囲を分担すればよい。また，正統化できる範囲にとどまるべきだ。そのような刑法の原理，原則として，行為原理，社会侵害性，自由と博愛・連帯がまず重要だと考える。それ以外にも罪刑法定主義や責任原理などがある。

　それらの原理，原則については折に触れ言及してきた。けれども，自分の経験に照らし思うに，基礎的，基本的なことほど他の見解に立つ者からすればわかりにくいものである。そこで，私の研究の過程，つまり私がそれらに行き着いた思索の過程をたどりながら，それらを再論してみたい。

Ⅱ 行為原理と社会侵害性論

　私の処女論文は阪大法学82号に載った「違法論における『結果無価値』と『行為無価値』について」である。そこには今日の私の理論の基本的な発想がすでに出ていたように思う。やはり処女論文は怖いものだ。

　そこでの問題意識の1つは、瀧川刑法学、自由主義刑法学の流れを引いて、警察権力の濫用を押さえるための刑法理論は何かということを追究しようとした。ただもう1つは、単に自由主義的な、ということではなく、当時、罪刑法定主義論について横山晃一郎先生が主張されていたことの影響も受けていた。すなわち、近代市民刑法における罪刑法定主義は、単なる自由保障原則ではなく、法律の中身を近代化するもの、近代のブルジョワを含めて人民が自分たちの権利を刑法で保護させようとしてつくったものなのだという理論である。それとあともう1つは、当時、中山研一先生が京大におられて、東ドイツの若手の刑法学者による「啓蒙期刑法理論」の研究成果を精力的に紹介していた。かつてのソビエト型の社会主義刑法理論ではなく、啓蒙期の刑法理論で、単なる自由主義ではなく人民民主主義の立場、単にブルジョワではなく、人民というものをとらえた刑法理論があったという紹介をやっておられたわけである。私は、近代において人類が到達した点は人権論に代表されるのではないか、また、フィクションだったけれど社会契約説でいうような人間と社会と国家、法のあり方論は、理念としてはかなりエポックメイキングだったのでないか、それにもかかわらず、その後、それらは実現されていない。人権だけでなく社会・国家の構成原理においても、近代の理念はいまだ実現されていない。これからの人類の課題だという思いだった。

　この思いを最初の処女論文に入れている。したがって人権という角度から、もう一度刑法理論を洗い直してみたいという思いが最初にあったわけである。処女論文当時、多くの刑法学者は、人権は自由権だと。刑罰権から守られる自由権が人権だと。それしか考えていないということだったが、私はそれとは違った。人々は自由とか権利とか人権を守るために社会、国家、法をつくったので

あって，刑法の殺人罪にしても，窃盗罪にしても，何を保護しているか。単なる法益ではなく，人権なのだと。こういう主張をやってみたのだが，あまり理解してもらえなかった。

　近代刑法の考え方や理念が，なぜその後，崩されていくのか。単に学説の流れではなく，時代の流れとの関係で明らかにしていこうと考えた。意識や法理論というのはそれとして自己展開するのではなく，必ず社会とのつながりの中で変わっていく。その変容を生み出していく社会関係を明らかにしていこうと。このような発想についてはよく，基底還元論ではないかといわれたが。そういう社会の動きとかかわって理論展開がどうなっていくかを考えようとしていた。これは今も残っている。

　もう1つは当時，京阪神では京大の院生を中心にして民主主義科学者協会法律部会の研究会があって，そこで現代法論争に取り組んでいた。東大の若手がやっていた「国独資論」と京都の院生たちを中心にした「社会法視座論」とが丁々発止とやり合っていた。東京のほうは現代法を国家独占主義法として客観的に整理する流れ。それに対して社会法視座論というのは，どうやって人権を今の社会の中で発展させることができるか。ある意味で変革的な視座があった。私はその議論に触れるまでは，どちらかというと国独資論的に現状を否定的に解釈するほうの流れにあった。けれども，京大を中心とする社会法視座論に触れる中で，単に世の中を整理してみるだけではなく，どうしたら現状が変わるのか，人権が伸長するのか，そういう視座から刑法をとらえないといけないのではないかと思うようになった。大学院時代，いろんな研究会に首を突っ込む中で鍛えられたなと思う。

　その影響も私の処女論文に出ている。どうすれば刑法との関係で人権が守られるか。人権を守るには刑法をどうすればいいか，単なる形式論ではなく，単なる罪刑法定主義論ではなく，刑法の実体をどうすればいいのかということを含めた芽が，あの論文の中にはある。その後，やってきたのは，その延長線上だと自分としては思っている。ただ，当時はまだきわめて形式的なとらえ方にとどまっていた。

「結果無価値」といっても結果の中身が問題なのであって，結果を形式的にとらえるだけであれば，ナチスのようにフォルク，民族を重視して民族を危険にさらす行為を処罰するといわれれば，抵抗できない。形式的な枠組みだけでは足りない。それに代わるものは何かと考える中で行為原理に出会うことになった。戦後，私が学生になる前の問題だが，破壊活動防止法の制定過程で反対運動が非常に国民的な規模で行われて，その中で宮内裕先生が，刑法学者として批判の論陣を張っていらっしゃった。先生は，破壊活動防止法は思想を処罰するものであるとか，個人行為責任，行為責任の原理が近代刑法原理として重要なのだとおっしゃっていた。その行為責任のうち，責任原理は戦後のドイツでいわれ，日本でもそれを受け入れて，責任原理の重要性ということは多くの学者も主張する。ただ行為原理についてはドイツの学者もほとんどいわない。日本の学者も，ほとんど言う人がいない。行為刑法とは言うのだけど，行為原理，Tatprinzip を言う人はほとんどいない。

　行為原理とは次のようなものである。すなわち，社会侵害的な外部的な行為のみが犯罪になりうる。社会を侵害する外部的な行為のみが犯罪になりうる。そういう行為でないと犯罪にしてはいけない，という考え方なんです。私は，その考え方を知って，これは確かに「結果無価値論」とも関係するけれども，さらに結果の中身を補う原理ではないかと。そこには結果無価値論と同じく，外部に影響を与える行為でないといけないという要請が含まれている。それに加えてもう1つ，社会侵害性という概念が含まれている。社会とは何か。宮内先生は「行為責任原理は近代刑法の原理だ」とおっしゃる。行為というのは近代において，どうとらえられていたのだろうか。タート・プリンツィプは，どうとらえられていたかに関心をもって見ていくと，東独の若手研究者が近代の啓蒙期刑法理論における「社会」について語っていることを知った。

　近代的な社会。そこのところで私は結果無価値論だけではだめで行為原理をいわないといけないなと思った。私が行為原理の研究を始めたのは立命へ来てからである。立命に提出した博士論文は行為原理でまとめた。阪大の大学院時代と立命に就職してからの時代との大きな違いは，結果無価値論が行為原理へ

と発展したということにある。それゆえ，拙著『行為原理と刑事違法論』（信山社，2002年）には処女論文を入れていない。

　一段違っていると。そういう位置づけなのである。行為原理の場合は，形式的な理論ではなく，どういう社会だったら保護していいのか。どういう社会を侵害するから犯罪にしなければいけないのかという問題が突きつけられてくるわけである。その場合，本当に刑法という強烈な制裁を備えた法で保護できる社会は，一部の特権者の利益を保護するような社会であってはいけない。そこに生きているすべての人の利益，権利を保護できるような社会であってはじめて刑法で保護できるのではないか。生命，身体の安全，自由は皆がもっている。その侵害はまさに人々が社会をつくった理由でもあるから，それは犯罪にしないといけない。あと財産はどうか。財産も，それがないと生きていけないから，生きていくための財産を守るために社会をつくったところもあるから，基本的に生存を維持するような財産は刑法によって保護しないといけない。また，そのような人権を保護するために社会をつくりその管理機構として国家をつくったのだから，社会の管理に必要不可欠な国家機構とその作用は刑法で保護してよいしまた保護しなければなるまい。それ以外はどうか。最近ではシステム保護論とかが有力で，コンピュータ・システムとかクレジットカード・システムとかの保護に刑法を動員するようになっている。けれども，そこで本当に誰が保護されているのか。生命，自由，身体の安全のような，皆に共通する利益が本当に保護されようとしているのか。業界が儲けるために安全対策の手を抜いて，その穴埋めを国家がやっているのではないか。つまり安全対策に手を抜いて，その安全対策の逆手をつく行為が出てきたら，国家が警察権力を使って取り締まってくれる。税金を使って儲けさせてもらうということではないか。そういう検討ができるような法益論をつくろうとなると，社会概念，刑法で保護する必要があるし，保護するに値するような社会，社会関係とは何だろうかということを明らかにしないといけないのではないかと考えるようになった。これはまさに近代人権論の延長である。近代の人権論は「阪大法学」の処女論文でいったけど，「第三階級，それはすべてである」という人権論ですよ。つま

りすべての人間に共通，普遍的な，そういうものが人権だと。刑法はすべての人に普遍的な人権だけを保護する法なのである。それ以外は不正競争防止法とかのレベルでやってくださいというのが，今の私の考え方なのである。

Ⅲ　人権である自由と博愛・連帯との関係

　人権を，どうとらえるか。私は近代的な法秩序の基本に自由という人権が座っていると思う。自由という人権は単なる自律，オートノミーではない。フランス革命期の人権宣言で定義されているが，「自由とは他人を害しないすべてをなしうることにある」ということなのである。これは単なる国家からの自由権ではない。それを基本的人権として，なぜ，謳ったのか。社会を構成して，その社会を管理する機関としての国家をつくっていくわけであるが，国家が強大な権力をもつということから国家が個人生活に介入できる限界を画するものとして「自由」という人権があったし，また個々人間においても相手を強制するというレベルでは「自由という人権」が限界として作用するものとされたのではないか。しかし，その前提には，法の問題，国家と個人の問題，個々人間の法的関係と，倫理や道徳，任意の関係とを区別する考え方があったのではないか。つまり国家，個々人が強制的に干渉する場合には自由という人権が壁になる。しかし任意の関係であれば壁はありませんよ。批判するなら自由に批判しなさい。任意の関係で自由に批判する。倫理，道徳の中で自由にやりなさいと。そのように人々が自由に任意の関係でやれるように，国家がそこに介入せずにやることによって，人々は幸せになり社会は発展するというのが，本来の人権の考え方だったのではないかと思う。

　自由と権利が人権宣言では強調されているが，フランス革命そのものは，自由・平等に加え，博愛をスローガンにしていた。博愛，フラタニティが，なぜ入っているかというと，まさに人々は社会的に生存している，互いに助け合っていくということが近代の理念として育っていたからである。これは単なるオートノミー，自律ではない。連携，連帯，インクルーシブ，包容という人間

関係が，近代の民主主義思想，法と倫理の関係に入っていたのではないかと思うのだ。自由という人権を今日の法律はベースにしているのだけれども，自由というのは単なるオートノミーではない，国家，個々人が他人に干渉する場合のバリアであると。このレベルで考えていかないといけない。裏返していえば，任意の関係では助け合わないといけない。人間の社会的存在に対応した，当たり前のこと，人間の当たり前の姿を，強制的な干渉以外のところで実現していくことこそが望ましいというのが，近代人権論だったのではないか。

　そのような人権のとらえ方は，刑事政策のあり方を考えるうえでも参考になる。今日では「人権を保護するために防犯活動をやりましょう」，「監視カメラをつけましょう」，「不審者情報を出してください」などといった形で，異なった人，マイノリティに対する排除の思想が強くなってきている。これは本来の人権の考え方とは違う。人権は法的な存在であって，社会のレベルでは人々は包容し合う。連帯し合う。そういう関係をもたらさない限り，人権そのものも実は保障されたりしないということである。この関係を考えると今日，犯罪を本当に防止しようとすれば，防犯活動型の犯罪対策ではなく，どうやって相互信頼で包容しうるような地域をつくっていくか，学園をつくっていくか，この課題こそが重要なのだと。それにより，結果として犯罪が予防できる。これはまさに私の人権論の延長線上にある刑罰観，犯罪予防観である。

　以上のことはすでに上記した拙著の序論のところでも触れてあるのだが，この機会に改めて整理してみた次第である。

■ 補 章 ══════════ 刑法学における人権論の課題3

広島市暴走族追放条例違反被告事件最高裁判例評釈
―― 最高裁平成19年9月18日第三小法廷判決（刑集61巻6号601頁）

I 事実の概要

　最高裁は,「原判決が是認する第1審判決によれば」として, 次の事実を認定している。

　「被告人は, 観音連合などの暴走族構成員約40名と共謀の上, 平成14年11月23日午後0時31分ころから, 広島市が管理する公共の場所である広島市中区所在の『広島市西新天地公共広場』において, 広島市長の許可を得ないで, 所属する暴走族のグループ名を刺しゅうした『特攻服』と呼ばれる服を着用し, 顔面の全部若しくは一部を覆い隠し, 円陣を組み, 旗を立てる等威勢を示して, 公衆に不安又は恐怖を覚えさせるような集会を行い, 同日午後10時35分ころ, 同所において, 本条例（広島市暴走族追放条例―筆者）による広島市長の権限を代行する広島市職員から, 上記集会を中止して上記広場から退去するよう命令を受けたが, これに従わず, 引き続き同所において, 同日午後10時41分ころまで本件集会を継続し, もって, 上記命令に違反したものである。」

　なお, 本条例16条1項は,「何人も, 次に掲げる行為をしてはならない」と定め, その1号として「公共の場所において, 当該場所の所有者又は管理人の承諾又は許可を得ないで, 公衆に不安又は恐怖を覚えさせるような集又は集会を行うこと」を掲げる。そして, 本条例17条は,「前条第1項第1号の行為が, 本市の管理する公共の場所において, 特異な服装をし, 顔面の全部若しくは一部を覆い隠し, 円陣を組み, 又は旗を立てる等威勢を示すことにより行われたときは, 市長は, 当該行為者に対し, 当該行為の中止又は当該場所からの

退去を命ずることができる」とし，本条例19条は，この市長の命令に違反した者は，6月以下の懲役又は10万円以下の罰金に処するものと規定している。また，本条例2条7号は，暴走族につき，「暴走行為をすることを目的として結成された集団又は公共の場所において，公衆に不安若しくは恐怖を覚えさせるような特異な服装若しくは集団名を表示した服装で，い集，集会若しくは示威行為を行う集団をいう」と定義している。

　第1審は，被告人に懲役4月，執行猶予3年を言い渡した。被告人が，当該条例の19条，17条，16条1項1号は憲法31条，21条1項に違反し，無効であるから，法令適用の誤りがあるとして，控訴。第2審は，控訴棄却。被告人は，当該条例の上記各規定が文面上も内容上も憲法21条1項，31条に違反するなどとして上告。

Ⅱ　判　旨

　上告棄却。多数意見の判決理由は次のとおり。

　「（2）所論は，本条例16条1項1号，17条，19条の規定の文言からすれば，その適用範囲が広範に過ぎると指摘する。

　なるほど，本条例は，暴走族の定義において社会通念上の暴走族以外の集団が含まれる文言となっていること，禁止行為の対象及び市長の中止・退去命令の対象も社会通念上の暴走族以外の者の行為にも及ぶ文言となっていることなど，規定の仕方が適切ではなく，本条例の文言どおりに適用されることになると，規制の対象が広範囲に及び，憲法21条1項及び31条との関係で問題があるということは所論のとおりである。しかし，本条例19条が処罰の対象としているのは，同17条の市長の中止・退去命令に違反する行為に限られる。そして，本条例の目的規定である1条は，『暴走行為，い集，集会及び祭礼等における示威行為，市民生活や少年の健全育成に多大な影響を及ぼしているのみならず，国際平和文化都市の印象を著しく傷つけている』存在としての『暴走族』を本条例が規定する諸対策の対象として想定するものと解され，本条例5条，

■ 補 章　　　　　　　　　刑法学における人権論の課題3

広島市暴走族追放条例違反被告事件最高裁判例評釈
—— 最高裁平成19年9月18日第三小法廷判決（刑集61巻6号601頁）

I　事実の概要

　最高裁は，「原判決が是認する第1審判決によれば」として，次の事実を認定している。

　「被告人は，観音連合などの暴走族構成員約40名と共謀の上，平成14年11月23日午後0時31分ころから，広島市が管理する公共の場所である広島市中区所在の『広島市西新天地公共広場』において，広島市長の許可を得ないで，所属する暴走族のグループ名を刺しゅうした『特攻服』と呼ばれる服を着用し，顔面の全部若しくは一部を覆い隠し，円陣を組み，旗を立てる等威勢を示して，公衆に不安又は恐怖を覚えさせるような集会を行い，同日午後10時35分ころ，同所において，本条例（広島市暴走族追放条例—筆者）による広島市長の権限を代行する広島市職員から，上記集会を中止して上記広場から退去するよう命令を受けたが，これに従わず，引き続き同所において，同日午後10時41分ころまで本件集会を継続し，もって，上記命令に違反したものである。」

　なお，本条例16条1項は，「何人も，次に掲げる行為をしてはならない」と定め，その1号として「公共の場所において，当該場所の所有者又は管理人の承諾又は許可を得ないで，公衆に不安又は恐怖を覚えさせるような集又は集会を行うこと」を掲げる。そして，本条例17条は，「前条第1項第1号の行為が，本市の管理する公共の場所において，特異な服装をし，顔面の全部若しくは一部を覆い隠し，円陣を組み，又は旗を立てる等威勢を示すことにより行われたときは，市長は，当該行為者に対し，当該行為の中止又は当該場所からの

退去を命ずることができる」とし，本条例19条は，この市長の命令に違反した者は，6月以下の懲役又は10万円以下の罰金に処するものと規定している。また，本条例2条7号は，暴走族につき，「暴走行為をすることを目的として結成された集団又は公共の場所において，公衆に不安若しくは恐怖を覚えさせるような特異な服装若しくは集団名を表示した服装で，い集，集会若しくは示威行為を行う集団をいう」と定義している。

第1審は，被告人に懲役4月，執行猶予3年を言い渡した。被告人が，当該条例の19条，17条，16条1項1号は憲法31条，21条1項に違反し，無効であるから，法令適用の誤りがあるとして，控訴。第2審は，控訴棄却。被告人は，当該条例の上記各規定が文面上も内容上も憲法21条1項，31条に違反するなどとして上告。

II 判　旨

上告棄却。多数意見の判決理由は次のとおり。

「（2）所論は，本条例16条1項1号，17条，19条の規定の文言からすれば，その適用範囲が広範に過ぎると指摘する。

なるほど，本条例は，暴走族の定義において社会通念上の暴走族以外の集団が含まれる文言となっていること，禁止行為の対象及び市長の中止・退去命令の対象も社会通念上の暴走族以外の者の行為にも及ぶ文言となっていることなど，規定の仕方が適切ではなく，本条例の文言どおりに適用されることになると，規制の対象が広範囲に及び，憲法21条1項及び31条との関係で問題があるということは所論のとおりである。しかし，本条例19条が処罰の対象としているのは，同17条の市長の中止・退去命令に違反する行為に限られる。そして，本条例の目的規定である1条は，『暴走行為，い集，集会及び祭礼等における示威行為，市民生活や少年の健全育成に多大な影響を及ぼしているのみならず，国際平和文化都市の印象を著しく傷つけている』存在としての『暴走族』を本条例が規定する諸対策の対象として想定するものと解され，本条例5条，

6条も，少年が加入する対象としての『暴走族』を想定しているほか，本条例には，暴走行為自体の抑止を眼目としている規定も数多く含まれている。また，本条例の委任規則である本条例施行規則3条は，『暴走，騒音，暴走族名等暴走族であることを強調するような文言等を刺しゅう，印刷等をされた服装等』の着用者の存在（1号），『暴走族名等暴走族であることを強調するような文言等を刺しゅう，印刷等された旗等』の存在（4号），『暴走族であることを強調するような大声の掛け合い等』（5号）を本条例17条の中止命令等を発する際の判断基準として挙げている。このような本条例の全体から読み取ることができる趣旨，さらには本条例施行規則の規定等を総合すれば，本条例が規制の対象としている『暴走族』は，本条例2条7号の定義にもかかわらず，暴走行為を目的として結成された集団である本来的な意味における暴走族の外には，服装，旗，言動などにおいてこのような暴走族に類似し社会通念上これと同視することができる集団に限られるものと解され，したがって，市長において本条例による中止・退去命令を発しうる対象も，被告人に適用されている『集会』との関係では，本来的な意味における暴走族及び上記のようなその類似集団による集会が，本条例16条1項1号，17条所定の場所及び態様で行われている場合に限定されると解される。

そして，このように限定的に解釈すれば，本条例16条1項1号，17条，19条の規定による規制は，広島市内の公共の場所における暴走族による集会等が公衆の平穏を害してきたこと，規制にかかる集会であっても，これを行うことを直ちに犯罪として処罰するのではなく，市長による中止命令等の対象とするにとどめ，この命令に違反した場合に初めて処罰すべきものとするという事後的かつ段階的規制によっていること等にかんがみると，その弊害を防止しようとする規制目的の正当性，弊害防止手段としての合理性，この規制により得られる利益と失われる利益との均衡の観点に照らし，いまだ憲法21条1項，31条に違反するとまではいえないことは，最高裁昭和44年（あ）第1501号同49年11月6日大法廷判決・刑集28巻9号393頁，最高裁昭和61年（行ツ）第11号平成4年7月1日大法廷判決・民集46巻5号437頁の趣旨に徴して明らかである。

（3）なお，所論は，本条例16条1項1号，17条，19条が明確性を欠き，憲法21条1項，31条に違反する旨主張するが，各規定の文言が不明確であるとはいえないから，所論は前提を欠く。」

なお，本判決には，裁判官堀籠幸男および同那須弘平の補足意見，裁判官藤田宙靖および同田原睦夫の反対意見が付いている。

Ⅲ 評 釈

1 本判決の骨格的論点

本判決はまず，当該条例の集会規制の条項が，過度に広範であり，憲法21条1項，同31条に違反するとの所論に対し，まず，限定解釈によりその問題を回避できると判示している（なお，明確性については「所論は，本条例16条1項1号，17条，19条が明確性を欠き，憲法21条1項，31条に違反する旨主張するが，各規定の文言が不明確であるとはいえないから，所論は前提を欠く」として，限定解釈するまでもなく問題はないとする）。次いで，その様に限定された規制内容が合憲であるための基準を示しそれによると合憲であると判示している。

すなわち，本判決は，①合憲的限定解釈と②それにより導かれた法内容についての合憲性判断の一般的基準の提示とその具体的適用とからなっている。

2 本判決の判例としての位置づけ

最高裁調査官の解説では，本判決は「累次の大法廷判例で積み重ねられてきたいわゆる合憲限定解釈を踏襲した事例判例」（前田巌「時の判例」ジュリスト1350号（2008年）87頁）とされる。

なお，本判決は，集会に対する規制につき，規定の過度の広範性と法規の明確性の問題を明確に区別して論じており，「これは従来の判例と比較すると，この判決の重要な特徴である」（渡辺康行「集会の自由の制約と合憲限定解釈——広島市暴走族追放条例事件最高裁判決を機縁として」九州大学法政研究75巻2号（2008年）170頁）との評価もある。

3 限定解釈について
(1) 本判決の多数意見の見解

本判決の多数意見は次のとおり。「なるほど，本条例は，暴走族の定義において社会通念上の暴走族以外の集団が含まれる文言となっていること，禁止行為の対象及び市長の中止・退去命令の対象も社会通念上の暴走族以外の者の行為にも及ぶ文言となっていることなど，規定の仕方が適切ではなく，本条例の文言どおりに適用されることになると，規制の対象が広範囲に及び，憲法21条1項及び31条との関係で問題があるということは所論のとおりである。しかし，……本条例の全体から読み取ることができる趣旨，さらには本条例施行規則の規定等を総合すれば，本条例が規制の対象としている『暴走族』は，本条例2条7号の定義にもかかわらず，暴走行為を目的として結成された集団である本来的な意味における暴走族の外には，服装，旗，言動などにおいてこのような暴走族に類似し社会通念上これと同視することができる集団に限られるものと解され，したがって，市長において本条例による中止・退去命令を発しうる対象も，被告人に適用されている『集会』との関係では，本来的な意味における暴走族及び上記のようなその類似集団による集会が，本条例16条1項1号，17条所定の場所及び態様で行われている場合に限定されると解される。」

(2) 限定解釈が許される基準

問題は，限定解釈が許されるのはどのような場合であるのかということであるが，この点につき多数意見の言及はない。けれども，那須裁判官の補足意見や藤田裁判官の反対意見で最高裁の先例（札幌税関検査違憲訴訟最大判昭和59年12月12日民集38巻12号1308頁）が引用されている。表現の自由を規制する法律の規定について「合憲限定解釈をすることが許されるのは，(1)その解釈により規制の対象となるものとそうでないものとが明確に区別され，かつ合憲的に規制し得るもののみが規制の対象となることが明らかにされる場合でなければならず，また，(2)一般国民の理解において，具体的場合に当該表現行為等が規制の対象となるかどうかの判断を可能ならしめるような基準を，その規定自体から読み取ることができる場合でなければならないというべきである」（(1)(2)の番号

は筆者)。この鍵括弧で示した部分は前掲最大判昭和59年の文言と同じである。多数意見もこれを前提にしているものといえよう。上記(1)の部分は限定解釈によって得られた規範の明確性，つまり「解釈の明確性」，と解釈により得られた規制の内容的合憲性，(2)の部分は明確性の判断基準としての「一般国民の理解」と解釈対象の特定性としての「その規定自体」ということが示されている。「その規定自体から読み取れる」とは，「文面上」読み取れるということであろう。これは「規定の文言自体から導き出せないような限定解釈は，客観性・論理性を欠き，恣意的な解釈に流れるもので，そもそも「解釈」と呼ぶに相応しくないという，当然の事理を指摘したもの」(那須補足意見) というべきである。

　そのように，限定解釈が許される一般的基準については一致しているのに，那須補足意見と藤田反対意見とでは本件事案についての結論が異なる。那須補足意見は合憲的限定解釈を認めるのに対し，藤田反対意見はそれに反対する。その違いは何から出てくるのか。それは，藤田反対意見の次の内容から明らかとなろう。すなわち，「通常人の読み方からすれば，ある条例において規制対象たる『暴走族』の語につき定義規定が置かれている以上，条文の解釈上，『暴走族』の意味はその定義の字義通りに理解されるのが至極当然というべきであり (そうでなければ，およそ法文上言葉の「定義」をすることの意味が失われる)，そして，2条7号の定義を字義通りのものと前提して読む限り，多数意見が引く5条，6条，施行規則3条等々の諸規定についても，必ずしも多数意見がいうような社会的通念上の暴走族及びそれに準じる者のみを対象とするものではないという解釈を行うことも，充分に可能なのである。加えて，本条例16条では『何人も，次に掲げる行為をしてはならない』という規定の仕方がされていることにも留意しなければならない」と。ここでは，定義規定の存在という形式的なものが鍵とされている。

　それに対し，実質的な要素をも組み入れて判断すべきとするのが田原反対意見である。そこでは，「過去の最高裁判所が示してきたような限定解釈の可能性を否定するものではない」としつつ，「如何なる場合に限定解釈により合憲

として判断できるかについて」，独自の基準を提示している。すなわち，「形式的には法律（条例）が憲法21条，31条等の諸原則に抵触するにかかわらず，それを限定解釈によって合憲と判断できるのは，その法律（条例）の立法目的，対象とされる行為に対する規制の必要性，当該法律（条例）の規定それ自体から，通常人の判断能力をもって限定解釈をすることができる可能性，<u>当該法律（条例）が限定解釈の枠を外れて適用される可能性及びその可能性が存することに伴い国民（市民）に対して生じ得る萎縮的効果の有無，程度等</u>を総合的に考慮し，限定解釈をしてもその弊害が生じ得ないと認められる場合に限られるべきである」（下線，筆者）と。その下線部分は法規の明確性についての合憲性判断において不可欠というべきだろう。

なお，本条例の立法目的については，次の指摘も重要である。すなわちまず第1に，「本条例の制定過程における市議会の委員会審議において，本条例2条7号の暴走族の定義を『暴走行為をすることを目的として結成された集団をいう』と修正し，また16条1項につき，『何人も』とある原案に対して，『暴走族の構成員は』と修正する案が上程されたが何れも否決されているのであって，かかる条例制定経緯をも勘案すれば，多数意見のような限定解釈をなすことは困難であるというべきである」（田原補足意見）との指摘。第2に，「暴走行為を伴わない『い集又は集会』を，暴走族固有の服装等の外観や言動に着目し，かつ，同様の服装，言動をする『チーマー』とか『期待族』などと呼ばれる周辺者〔主として少年〕も含めて規制するため，やむを得ないものと理解されていたようである」（前田・前掲ジュリスト1350号85頁）との指摘である。それらから見て取れるのは，立法者意思は，暴走族やその類似集団を超えて規制対象としていたのであって，規定の文言が過度に広範となったのは，不注意によるものでなく自覚的，意識的だったということである。

4 限定解釈と違憲法令審査権

規定の文言が過度に広範となったのが，立法者の不注意によるものでなく自覚的，意識的だった場合にまで，合憲的限定解釈を許すのは，憲法81条が違憲

法令審査権を司法権に認めた趣旨を没却するものでないか。限定解釈をどの範囲で許容するかの判断において，違憲法令審査権についての考え方の違いが大きな影響を与えているのではないか。

堀籠裁判官の補足意見と藤田裁判官や田原裁判官の反対意見とを比較しながら検討してみよう。

堀籠裁判官の補足意見は次のようにいう。すなわち，「被告人の本件行為は，本条例が公共の平穏を維持するために規制しようとしていた典型的な行為であり，本条例についてどのような解釈を採ろうとも，本件行為が本条例に違反することは明らかであり，被告人に保障されている憲法上の正当な権利が侵害されることはないのであるから，罰則規定の不明確性，広範性を理由に被告人を無罪とすることは，国民の視点に立つと，どのように映るのであろうかとの感を抱かざるを得ない」。また「一般に条例については，法律と比較し，文言上の不明確性が見られることは稀ではないから，このような場合，条例の文面を前提にして，他の事案についての適用関係一般について論じ，罰則規定の不明確性を理由に違憲と判断して被告人を無罪とする前に，多数意見が述べるように，本条例が本来規制の対象としている『集会』がどのようなものであるかをとらえ，合理的な限定解釈が可能であるかを吟味すべきである」と。

それに対し，藤田裁判官の反対意見は次のとおり。「いうまでもなく，被告人が処罰根拠規定の違憲無効を訴訟上主張するに当たって，主張し得る違憲事由の範囲に制約があるわけではなく，またその主張の当否（すなわち処罰根拠規定自体の合憲性の有無）を当審が判断するに際して，被告人が行った具体的行為についての評価を先行せしむべきものでもない。そして，当審の判断の結果，仮に規律対象の過度の広範性の故に処罰根拠規定自体が違憲無効であるとされれば，被告人は，違憲無効の法令によって処罰されることになるのであるから，この意味において，本条例につきどのような解釈を採ろうとも被告人に保障されている憲法上の正当な権利が侵害されることはないということはできない」。

違憲立法審査権については抽象的審査制と具体的審査制があるといわれ，日

本では後者が通説・判例である。後者であっても憲法81条の規定振りからすると藤田見解のほうが妥当というべきであろう。

また，実質的にもそうである。この点では，田原裁判官の次の指摘が重要である。すなわち，「多数意見のように限定解釈によって，本条例の合憲性を肯定した場合，仮にその限定解釈の枠を超えて本条例が適用されると，それに伴って，国民（市民）の行動の自由や表現，集会の自由等精神的自由が，一旦直接に規制されることとなり，それがその後裁判によって，その具体的適用が限定解釈の枠を超えるものとして違法とされても，既に侵害された国民（市民）の精神的自由自体は，回復されないのであり，また，一旦，それが限定解釈の枠を超えて適用されると，それが違憲，無効であるとの最終判断がなされるまでの間，多くの国民（市民）は，本条例が限定解釈の枠を超えて適用される可能性があり得ると判断して行動することとなり，国民（市民）の行動に対し，強い萎縮的効果をもたらしかねないのである」と。

そこでいわれるような表現活動への萎縮効果とか「明確な基準を欠く法執行の危険」は限定解釈を制約する重要な事由である。

さらにそれらに加えて次のことも重要であるというべきだろう。すなわち，①立法者の道義的優越性が立法が正義であるための不可欠の要件であること。②行為の当罰性を一方的に強調し，立法者の過誤を免罪することは，立法者の堕落を招くこと。③立法者の責任を追及し，当該法令を無効とすることで立法者を牽制し，不明確な立法の抑止を図ること，である。

5　規制内容の合憲性判断について
(1)　本判決の多数意見

多数意見の見解は次のとおり。「このように限定的に解釈すれば，本条例16条1項1号，17条，19条の規定による規制は，広島市内の公共の場所における暴走族による集会等が公衆の平穏を害してきたこと，規制にかかる集会であっても，これを行うことを直ちに犯罪として処罰するのではなく，市長による中止命令等の対象とするにとどめ，この命令に違反した場合に初めて処罰すべき

ものとするという事後的かつ段階的規制によっていること等にかんがみると，その弊害を防止しようとする規制目的の正当性，弊害防止手段としての合理性，この規制により得られる利益と失われる利益との均衡の観点に照らし，いまだ憲法21条1項，31条に違反するとまではいえないことは，最高裁昭和44年（あ）第1501号同49年11月6日大法廷判決・刑集28巻9号393頁，最高裁昭和61年（行ツ）第11号平成4年7月1日大法廷判決・民集46巻5号437頁の趣旨に徴して明らかである」と。

規制内容の合理性の判断基準について引用された2つの最高裁判例理論は次のとおり。猿払事件大法廷判決（最大判昭和49年11月6日刑集28巻9号393頁）は，判断基準として，「禁止目的の正当性」，「目的と禁止される行為との合理的関連性」および「禁止することにより得られる利益と失われる利益との均衡」の3点から検討することが必要，とし，成田新法大法廷判決（最大判平成4年7月1日民集46巻5号437頁）は，「自由に対する制限が必要かつ合理的なものとして是認されるかどうかは，制限が必要とされる程度と，制限される自由の内容及び性質，これらに加えられる具体的制限の態様及び程度等を較量して決めるのが相当である」としていた。

それらは「比例原則」的な枠組みとその下での利益衡量で取り上げるべき事情を一般的に示している。それらが多数意見の判断基準となったことは上述したところから明らかである。

(2) それらの基準の問題点

比例原則では，目的の正当性といっても衝突している他の利益をいったん捨象して特定の法益だけを取り出せばその保護が正当であることは当然のこと。手段の合理性も当然のことになってしまう。最後の具体的利益衡量ではまさに利益の価値序列が重要なのだが，それについては白紙委任されたまま。成田新法大法廷判決の具体的利益衡量論についても同じである。利益衝突の事案では，その解決基準として重要なのは価値序列であり，価値的な法原則である。

そこで，最高裁調査官レベルの解説でも，「従来の判例の利益衡量における他の厳格な基準（「明白かつ現在の危険」，「不明確のゆえに無効」，「必要最小限度」，

「LRA」の各原則—筆者）の併用は，利益衡量が無原則，無定量に行われることがないように，利益衡量を指導するルールとして用いるもの」（前田・前掲ジュリスト1350号86頁）との指摘がなされるわけである。もっとも，それがすぐさま緩和されてしまうところに調査官解説の特徴がある。すなわち，「当該場面において，価値の優劣が明らかであって，これらを適用しなければ利益衡量が困難であるとか，し意的判断に陥る可能性があるとかいう事情がないときにまで併用する必然性あるとしているわけではないように見受けられる」（同上）と。しかし，ここでも問題は，明らかだとされる「価値の優劣」がはたして明らかなのか，さらにはその優劣の位置づけが妥当なのかという点にある。これについては田原裁判官の反対意見を参照のこと。

本件判決では上述した「他の厳格な基準」は示されていない。利益衡量論をとりつつ「明らかな差し迫った危険の発生が具体的に予見されることが必要」としたのが泉佐野市民会館事件最判平成7年3月7日民集49巻3号687頁である。これを本件判決は引用していない。事前規制と事後規制とで事案をことにすると解したのであろうか。

事後的，段階的規制であることが重視されているのだが，この段階的規制が刑事規制を正当化するだけのものかについては疑問が出されている。葛野尋之教授によるASBOの段階的規制に対する問題指摘（刑法雑誌48巻2号99頁以下および「社会的迷惑行為のハイブリッド型規制と適正手続」立命館法学2009年5・6号上巻275頁以下参照）が重要である。

6 いかにすべきか

集会そのものは暴走族によるものであっても権利である。服装もいかに異様なもので不快感を与えるものであってもわいせつでない限り幸福追求権に含まれるので，犯罪にできない。気勢を上げることも表現活動の一種として基本的に自由である。これらは，田原裁判官の補足意見のとおりである。

本件につき，人的法益への具体的危険の発生を要件にした刑事規制を提言するものもある。しかし，それでは対応できなかったのだとの批判も強い。

単なる迷惑行為を犯罪とする動きがあるが，そこには刑法のあり方として問題がある。

しかし，単なる迷惑行為であっても，それが反復・継続されると，その影響を受ける人の生活に多大な支障をきたすことがある。少なくともその人の幸福追求権を侵害するといわざるをえない事態になる。さらに迷惑行為で普段から悩まされ幸福追求権を害される人が不特定・多数にのぼるにいたれば，一般的な行政的規制への社会的要請も高まる。警職法5条の犯罪の予防・制止では暴走族の集会を強制排除することはできない。迷惑行為を排除するための直接強制が行政法ではできないとなれば，それに対する刑事規制への要求が出てくる。現下の日本で進行中の，迷惑行為に対する刑事立法の強化・拡大である。

英国はASBOという方法でこの事態に対処している。治安判事が反社会的挙動に民事規制である禁止命令を発し，その違反に刑罰を科する。その手法と日本の2段階規制手法との違いは，日本では行政機関による行政命令に対する違反そのものを処罰するのに対し，ASBOでは裁判官による民事差止め命令を前提にするという点にある。行政権の濫用を防止するためには，ASBOの手法に一日の長があるといえよう。しかし，ASBOの手法にも，前提となる禁止命令が，その禁止内容において犯罪に値するものがあるのかという問題があった。

そのような問題を克服するための1つの方策として，封印破棄罪や強制執行不正免脱罪と同様の，司法作用に対する罪の一種として位置づけることのできるものを類型化することにより，迷惑行為の社会侵害性要件を明確にできないであろうか。

広島の暴走族問題では，その迷惑行為の規模と反復・継続性によって市民生活に多大で深刻な悪影響を及ぼしていた。条例で，限時立法として，特定態様のい集行為に対する裁判官による民事差止め命令への違反罪として構成することはできなかったのであろうか。またそれで足りたのではなかろうか。

暴走族対策は総合的でなければ実効性はない。広島でも中止命令が出され検挙にいたったのは本件の1回だけである。逮捕者も中心人物だけであった。そ

れでも，総合的な取組みとあわせ，「大人が本気だ」ということを示したことで迷惑行為は収束していったのである。

初 出 一 覧

第1章：「厳罰主義と人間の安全 —— 刑法の役割についての一考察」広渡清吾ほか編『小田中聰樹先生古稀記念論文集　民主主義法学・刑事法学の展望』（日本評論社，2005年）下巻37〜65頁
第2章：「日本の犯罪発生傾向と検挙率の動向 —— 特に都市型・多国籍型犯罪と関連して」月刊自治研2003年10月号46〜56頁
第3章：「刑罰の一般抑止力と刑法理論 —— 批判的一考察」立命館法学300・301号（2006年）24〜44頁
第4章：「グロバリゼーション下の組織犯罪と刑法」上田寛編『国際組織犯罪の現段階：世界と日本』（日本評論社，2007年）68〜84頁
第5章：「人身取引問題の現状と課題」大久保史郎編『人間の安全保障とヒューマン・トラフィッキング』（日本評論社，2007年）197〜213頁
第6章：「日本における治安法と警察 —— その動向と法的課題」立命館法学292号（2004年）57〜79頁
補章1：「治安と刑事立法 —— 刑法学における人権論の課題」日弁連刑事法制委員会刑法通信 No.108（2005年）2〜18頁に加筆
補章2：立命館法学327・328号（2009年）下巻ⅰ〜xxiv頁より一部抜粋加筆

■著者紹介

生田　勝義（いくた　かつよし）

［略歴］
1973年3月，大阪大学大学院法学研究科博士後期課程単位取得退学。
2003年3月，立命館大学より博士（法学）の学位を授与される。
2010年3月まで立命館大学法学部・法科大学院教授。
現在，立命館大学衣笠総合研究機構特任教授，同大学名誉教授。

［主な著作］
共編著『法の構造変化と人間の権利』（法律文化社，1996年6月）
単著『行為原理と刑事違法論』（信山社，2002年6月）
共著『刑法各論講義〔第4版〕』（有斐閣，2010年4月）
「違法論における『結果無価値』と『行為無価値』について」阪大法学82号（1972年）
「違法性の理論について」犯罪と刑罰18号（2008年）
「佐伯刑法理論の思想的背景――その国家像・人間像」刑法雑誌48巻1号（2008年）

立命館大学法学叢書第11号

2010年11月20日　初版第1刷発行
2011年4月10日　初版第2刷発行

人間の安全と刑法

著　者　生　田　勝　義

発行者　田　靡　純　子

発行所　株式会社　法律文化社
〒603-8053　京都市北区上賀茂岩ヶ垣内町71
電話 075(791)7131　FAX 075(721)8400
URL:http://www.hou-bun.co.jp/

Ⓒ 2010　Katsuyoshi Ikuta Printed in Japan
印刷：西濃印刷㈱／製本：㈱藤沢製本
装幀　前田俊平
ISBN 978-4-589-03303-1

木谷 明著
刑事事実認定の理想と現実
A5判・252頁・3570円

近年相次いで明るみにでた冤罪事件。裁判員制度の下で、はたして冤罪は防ぐことができるのか。実務の観点から、刑事裁判の実情と適正化への方途を説得的に展開する。理想の裁判実現を願う元裁判官からのメッセージ。

中川孝博・葛野尋之・斎藤 司著
刑事訴訟法講義案
B5判・210頁・2835円

情報量をおさえて要点を列挙し、基本的な論理の流れや知識間の関連づけを整理した講義パートと、そこで得た知識を定着させるための短答パートとからなるテキスト。刑事訴訟法の基本的思考枠組を形成するために最適。

松宮孝明編
ハイブリッド刑法〔総論〕〔各論〕
A5判・330〜380頁／総論：3465円 各論：3570円

基本から応用までをアクセントをつけて解説した基本書。レイアウトや叙述スタイルに工夫をこらし、基礎から発展的トピックまでを具体的な事例を用いてわかりやすく説明。総論・各論を相互に参照・関連させて学習の便宜を図る。

福井 厚著
刑事訴訟法講義〔第4版〕
A5判・544頁・4095円

刑事訴訟法の有機的・立体的理解をめざした本格的教科書。裁判員制度、被害者参加制度など、近時の大きな法改正をふまえて改訂。さらに、最新の重要判例を加えて実務の動向にも目配りした。

村井敏邦・後藤貞人編
被告人の事情／弁護人の主張
―裁判員になるあなたへ―
A5判・212頁・2520円

第一線で活躍する刑事弁護人のケース報告に研究者・元裁判官がそれぞれの立場からコメントを加える。刑事裁判の現実をつぶさに論じることで裁判員になるあなたに問いかけ、厳罰化傾向にある現状に待ったをかける一冊。

――― 法律文化社 ―――
表示価格は定価(税込価格)です